作品展・親子イベントの
イメージが膨らむ！

製作あそび百科

保育者の
援助に役立つ
ポイントメモ
つき

富山大学　助教授　竹井　史／著

ひかりのくに

はじめに

　手しごとによるものづくりの活動は、幼児期において子どもたちの感性を豊かにし、確かな知性を身につけていくための極めて重要な活動です。その意味で造形にかかわる保育者の知識や援助は、子どもたちの成長に大きく影響します。本書は、保育現場ですぐ使え、作品展や親子イベントにも発展できる保育者必携の製作あそびガイドブックを目ざしました。そのため、次の特長を持たせるよう配慮しました。

　まず、これまでに実践した中でも大人気の製作あそびを厳選し、土あそび、大工さんごっこ、お菓子作りなど、子どもたちに人気のあるあそびをテーマごとにグルーピングしました。

　1章のおもちゃ製作では、できる限り身近で手に入りやすい材料を使用し、保育者の援助を助けるポイントメモを充実しました。また、実際の製作では、子どもたちが作品を作るプロセスでいろいろ工夫できる余地を残しました。

　本書に収録した製作あそびは、それぞれ単独でも十分に楽しみながら遊べるものばかりですが、2章ではさらに、1章の製作物を元に作品展や親子イベントに発展できるプランを、ビジュアルでわかる形で掲載しました。このプランイメージを参考にしてデザイン、アイデアを組み合わせ、さまざまな親子イベントや作品展に生かせると思います。

　保育のプロである保育者の皆さんには、総合的な保育力のパワーアップのために、保育士を目ざす皆さんには、教材研究の充実や援助の仕方を学ぶ参考書として、また保育実習の手がかりに、ぜひ本書を参考にしていただきたいと思います。

　最後になりましたが、本書の編集・出版にたいへんお世話になりました、ひかりのくに株式会社編集部の安藤憲志氏、編集の労をとっていただきました太田吉子さん、関係者の皆様に心よりお礼を申し上げます。

竹井　史

本書の特長と使い方

保育にすぐ役立つ、製作あそびの題材

第1章では、保育にすぐ役立つ製作あそびネタを、たくさん紹介しています。日々の保育を楽しくサポートします。

作品展・親子イベントにすぐつながるグループ分け

第1章のグループ分けは、作品展や親子イベントに直結したものになっています。そのイメージをより具体化したのが第2章です。

保育者の援助へのヒント「ポイントメモ」

作 …作り方のポイント　　素 …素材のポイント
遊 …遊び方のポイント

一つ一つの題材には、作るとき・素材・遊ぶときについてのポイントをメモしてあります。子どもたちを援助するときのヒントにしてください。

第1章

イメージイラスト
- 実際に遊ぶときのイメージがつかめます。

作り方・素材・遊び方の「ポイントメモ」
- 保育者が援助するうえで役立つ、失敗しないポイントです。
- 子どもたちから「せんせい、すっご〜い！」と思ってもらえる知識や裏技も含まれています。

製作物の写真やイラスト
- 写真やイラストで、製作物の出来上がりのイメージがはっきりわかります。

作り方
- 詳しいイラストで、わかりやすく説明しています。
- 必ず保育者自身が、前もって作ってみましょう。

第2章

イメージイラスト
- 一つ一つの製作あそびが、グループで結びついたときのイメージが膨らみます。

ヒント解説
- 作品展や親子イベントとしてどう広げるか、具体的な工夫の仕方がわかります。

もくじ

はじめに ……………………………………… 2
本書の特長と使い方 ………………………… 3

第1章 作ろう！ 遊ぼう！

① 簡単おもしろおもちゃを作ろう！

●いろんな音色が楽しい
ストロー笛とその仲間 ……………………… 6
　ストロー笛
　　長さの違うストローを連結させて ホイッスル
　　太さの違うストローを組み入れて トロンボーン
　　色紙を巻いてラッパの形に ラッパ笛
　　水とストローのコラボレーション 水笛

●音の鳴る
ストローロケット …………………………… 8
　高く飛ばそう！ 遠くへ飛ばそう！
　的に当てて遊ぼう！

●音の鳴る
クルクルプロペラ …………………………… 9
　カラフルクルクル
　ダブル！ トリプル！ クルクル

●クルクル巻くだけでできる
葉っぱクルクル笛 ………………………… 10

●二度折るだけで作れる
ビービー紙笛 ……………………………… 10

●クルクル舞っておもしろい
キンペラ・キャンペラ …………………… 11

●グーンと伸びる
ニョキタワー ……………………………… 12
　カラフルニョキタワー／スーパーニョキタワー

●楽しいじゅずつなぎ
連結フォルム ……………………………… 13
　なが〜い連結フォルムを作ろう
　お部屋を飾ろう！／看板を飾ろう

●回して飛ばそう
紙トンボ …………………………………… 14
　高い所から飛ばそう／紙トンボ取りあそび

●びっくり音が楽しい
紙てっぽう ………………………………… 15
　両手で2連発！／びっくり紙てっぽう

② おもしろ人形大集合！

●何が隠れているのかな？
いないいないばぁ！ ……………………… 16
　かわいいいないいないばぁ！
　紙コップで作る びっくりいないいないばぁ！

●風で回る
クルクルタコのバレリーナ ……………… 17
　窓につるそう！／短冊つけてたなばた飾り
　つなげてつるそう！

●ゲームも楽しめるストロー人形
旗揚げパンダ ……………………………… 18
　首振りキリン

●指で自由に操れる手袋人形
森のクマちゃん …………………………… 19
　ウサギちゃん／マスコット

●動く紙コップ人形
バタバタアヒル …………………………… 20
　リバーシブル人形／スノーマン
　手袋を使って こんにちは、さようなら人形

●風に乗ってついてくる
フワフワ人形 ……………………………… 22
　ポンポン人形／フワフワちょうちん

●縫わずに作れる
変身タオル人形 …………………………… 23
　親子で変身！／表情で変身！

●口がパクパク手も動く
バスタオル人形 …………………………… 24

●タップダンスも踊れる
空き箱マリオネット ……………………… 25
　マリオネットシアター

③ お菓子を作ろう！ ごっこと本物

●パティシエごっこ
いろいろケーキ …………………………… 26
　ハンドタオルで ロールケーキ
　ハンドタオルで ショートケーキ
　バスタオルで デコレーションケーキ

●喫茶店ごっこ
お茶＆ケーキ ……………………………… 28
　マジカルハーブティー／マローティー染め
　スポンジのケーキ／スライムパフェ

●縁日ごっこ
できたよ、焼けたよ！ …………………… 30
　梱包材で みたらしだんご／小麦粉で 三色だんご
　ティッシュペーパーで タコ焼き

●本物のお菓子で
おかしな？ スイーツフェイス ………… 32
　おもしろ顔コンテスト

●本物のパンで
おいしい怪獣 ……………………………… 33

●アイシングでくっつけて
お菓子の街作り …………………………… 34
　お菓子のおうち／お菓子の車
　お菓子の海と橋／車つきログハウス
　お菓子の船／お菓子のお城

④ トントントントン大工さん

●いろんな木片で
くっつけ、切り離し ……………………… 36
　おもしろオブジェ／何に見える？
　ウォールペンダントを作ろう

●丸太を使って
引っ張るおもちゃ ………………………… 37
　ハリネズミ

●丸太や角材を使って
木工手作りおもちゃ ……………………… 38
　角材で キリン／角材で ロボット／角材で カメ
　角材で イヌ／丸太で トーテムポール
　丸太で ガタガタ自動車
　丸太で ブラブラマリオネット

●段ボールや紙パックで
街作り ……………………………………… 40
　牛乳パックの家＆ビル／段ボールの自動車
　段ボールの信号機

●たくさんの段ボールで
迷路を作ろう ……………………………… 42
　設計図をかこう／壁を増やそう／床を作ろう
　壁を作ろう／分かれ道を作ろう／楽しい工夫

⑤ ドロドロドロロン土と遊ぼう

●砂場で世界を広げよう
砂山タウン ………………………………… 44
　おむすびコロリンゲーム
　オブジェコンテスト アートゾーン

●泥＆水で何作ろう
食べ物バザール …………………………… 46
　喫茶店・コーヒー屋さん（色水あそび）
　お好み焼き屋さん／ドーナツ屋さん
　ケーキ＆クッキー屋さん／おすし屋さん
　おだんご屋さん

●ペタンとマークが押せる
模様はんこ ………………………………… 48
　はんこでお絵かき

●立体のおもしろさにチャレンジ
どんな形作ろうかな？ …………………… 49
　ニンジン星人作ろう／どこまで伸びるかな？
　粘土のモニュメント

●土の音色、どんな音？
ベル人形 …………………………………… 50
　音色を変えよう

●ポーッと鳴る
土だんご笛 ………………………………… 51
　変化をつけて

●昔のおもちゃ
土鈴 ………………………………………… 52

●粘土のひもでできる
植木鉢 ……………………………………… 53

⑥ エコロジカルワークを楽しもう

●噴水がうれしい！
シャワーブロック ………………………… 54
　サーキットゴー

●ムラサキキャベツの
マジカルジュース ………………………… 55
　色イロマジカル

●だれの顔かな？
フェイスボード …………………………… 56

●石が変身！
ストーンペインティング ………………… 57
　○○文鎮／これな〜んだ？

●浮かべてみよう
ササ舟 ……………………………………… 58
　帆掛け舟

●雑草で遊ぼう！
ネコジャラシ ……………………………… 59
　1本で モゾモゾ虫／5本で ユラユラムクイヌ

●草花で作る
アクセサリー ……………………………… 60
　組み込み型で シロツメクサのティアラ
　通し型で レンゲのネックレス

●鳴らそう！
草笛 ………………………………………… 61
　カラスノエンドウ笛／タンポポ笛
　ツバキの葉笛／木の葉2枚笛

●花や野菜で
染めあそび ………………………………… 62
　アサガオで染め絵に使おう！
　タマネギ染めのランチョンマット

●雪と氷で楽しもう！
アート＆プレイ …………………………… 63
　氷で遊ぼう！／スノーアート

⑦ 外で遊ぼう！

●音がして、弾んで飛ぶよ
ポンポンボール …………………………… 64
　ウサちゃんポンポン／ポンポン名人

●風を切って鳴る
ヒヨヒヨ笛 ………………………………… 65
　一つ回し／二つ回し／別々回し

- ●塩ビパイプで
  ### 筒ぽっくり …………………… 66
  合体式筒ぽっくり／竹ぽっくり
  筒ぽっくり競争
- ●ビューンと伸びる
  ### シュート棒 …………………… 67
  的にシュート
- ●風に乗るよ
  ### 紙飛行機セレクト3 ………… 68
  とんがり飛行機／へそ飛行機／イカ飛行機
- ●包装紙で
  ### 紙風船 ………………………… 70
  連続ポンポン／ふたりでラリー
- ●牛乳パックで
  ### 飛べ飛べ円盤 ………………… 71
  飛べ飛べ円盤投げ

⑧動くおもちゃで遊ぼう！

- ●ひもをたどって
  ### 登るおもちゃ ………………… 72
  何にタッチ？／ヨコヨコ動き
- ●段ボールで
  ### キツツキ ……………………… 73
  キツツキの止まり木
- ●粘土で電池で
  ### コロコロゴロゴロ …………… 74
  粘土でコロコロ ユラユラお散歩
  電池でゴロゴロ 走れパコパコムシ
  電池でゴロゴロ ツチノコノコノコ
- ●牛乳パックで
  ### パクパクおじしし …………… 76
  パクパクおじししの腹話術
- ●水道パイプで
  ### パワフル糸車 ………………… 77
  糸車競争
- ●牛乳パックで
  ### クネクネスネーク …………… 78
  怪獣マリオネット
- ●牛乳パックで
  ### レーシングカー ……………… 79
  山あり谷ありカーレース
- ●飛び出すプリント
  ### 似顔絵カメラ ………………… 80
- ●音も鳴る
  ### ブルブルおもちゃ …………… 81
  びっくりプレゼント

⑨ミニ科学大集合！

- ●輪ゴムがはじけて
  ### パッチンピョ〜ン …………… 82
  びっくり箱／カエルのチャンピオン
- ●空気満タン
  ### シャッキリ人形 ……………… 83
- ●輪ゴムパワー
  ### ポヨヨンロケット …………… 83
- ●振動が伝わる
  ### 糸電話 ………………………… 84
  電話会議ごっこ／伝言ゲーム
  宇宙人との交信／宇宙語でしゃべろう
- ●ポリ袋で
  ### 三角パラシュート …………… 86
  ピンポイント着地ゲーム
- ●ペットボトルで
  ### 水中エレベーター …………… 87
  上がって下がってダンス
- ●絵が動く
  ### クルクルアニメ ……………… 88
  ミニアニメ／マジック／色混ぜ
- ●光のプリズム
  ### ミニ万華鏡 …………………… 89
- ●息で吹き上がる
  ### フワフワボール ……………… 90
  グルグル玉受け／スリット玉受け
  宇宙遊泳フワフワリレー
- ●ペットボトルで
  ### スケルトン遊覧船 …………… 91
  合体ボトル船

⑩伝承おもちゃで遊ぼう！

- ●縮んで伸びて
  ### ブンブンごま ………………… 92
  変わった音のブンブンごま
  いろんなブンブンごま／輪になって回そう
- ●風を受けて
  ### かざぐるま …………………… 93
  8枚羽根かざぐるま
- ●色紙で
  ### だまし船 ……………………… 94
- ●じゃばら折りで
  ### 六角返し ……………………… 95
  3コマストーリー／ジャンケンポン！
- ●紙皿で
  ### でんでん太鼓 ………………… 96
  うちわ太鼓／運動会の応援合戦
- ●和紙で
  ### ずぼんぼ ……………………… 97
  ずぼんぼレース／ずぼんぼジャンプ
- ●振動させて
  ### 紙ずもう ……………………… 98
  サバイバルずもう
- ●紙でいろいろ
  ### たなばた飾り ………………… 99
  仲よし野菜／ほうき星／お願い人形短冊
  ちょうちん
- ●ポリ袋で
  ### ダイヤだこ …………………… 100
  連だこ／連だこを飛ばそう
- ●割りばしで
  ### コイの滝登り ………………… 101
  ロケット発射

⑪お部屋を飾ろう！

- ●和紙やティッシュペーパーで
  ### アートな染め物 ……………… 102
  水性フェルトペンを使って／染料を使って
  折りを工夫して 三角折り
  折りを工夫して 四角折り
  折りを工夫して 斜め三角折り
- ●切り抜いて
  ### 花火ピクチャー ……………… 104
- ●切り抜いて
  ### モビール ……………………… 104
- ●ペットボトルと組み合わせて
  ### ランプシェード ……………… 105
- ●牛乳パックと組み合わせて
  ### おしゃれ小物入れ …………… 105
- ●染め紙で
  ### アルバムの表紙 ……………… 106
- ●染め紙で
  ### いろいろ飾り ………………… 107
  ポケットティッシュカバー
- ●ろうそくを溶かして
  ### オリジナルキャンドル ……… 108
  カラーキューブ入りキャンドル
- ●葉っぱや小枝で
  ### 飾ろう！ エトセトラ ……… 109
  はっ葉のモビール／はっ葉のペン立て
  はっ葉でコラージュ

第2章 作品展・親子イベントのアイデア

作品展・親子イベントなどを進めるときのポイント6 …………… 110

大人気!! 親子イベントをしよう！ … 112
アート作品展―子どもの作品を展示するときのポイント―

縁日作品展のポイント …………… 114
見る、する、食べる、買う、その他

お菓子で作ろう ………………… 116
準備のポイント

ゲームイベントをすすめるために … 118
ストロー吹き矢／ポンポンボール／紙風船
紙飛行機

作品展のお店屋さんごっこを楽しもう … 120
お店屋さんごっこのポイント
お店屋さんを発展させるためのいろいろな工夫

忍者屋敷、お化け屋敷のポイント … 122

お部屋（壁面）を飾ろう ………… 124
壁面あそびのポイント
壁面装飾というよりは「壁面表現」の発想で飾ろう！
壁面表現の考え方

おもちゃ作りの達人になるために … 126
―これだけは知っておいてほしいこと―
材料準備のポイント／道具準備のポイント

- ●本文レイアウト／永井　一嘉
- ●本文イラスト／あべ　つせこ、アベ　カナコ、ティー＆ケイ、まつい　つかさ、Ｔ・パイン
- ●写　　真／佐久間秀樹（アサヒフォトスタジオ）、竹井　史
- ●製　　作／藤江真紀子、竹井　史
- ●編集協力／太田　吉子
- ●企画編集／安藤　憲志、長田　亜里沙

● 第1章 作ろう！ 遊ぼう！

1 簡単おもしろおもちゃを作ろう！

● いろんな音色が楽しい
ストロー笛とその仲間

吹いて遊ぶ楽しい仲間たちが集合。まずはストロー笛が基本だよ！ 素材や作り方をアレンジして、いろんな楽器に挑戦してね。

ストロー笛

用意するもの
- 【素材】• ストロー（直径6mm）1本
- 【用具】• ハサミ

素 直径6mmのストローが、いちばんよく鳴る。

作 リードの長さは、2cmが適当。

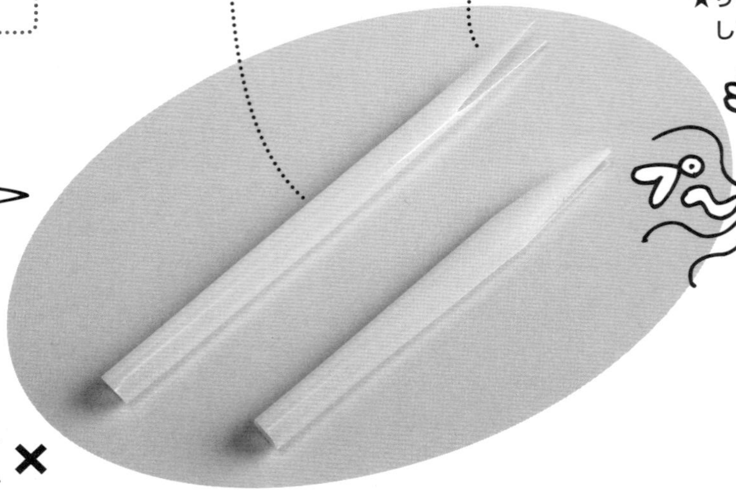

★リードの部分を唇で押さえるようにして挟み、勢いよく吹いてみよう。

素 ストローの長さで、音の高低が変わる。

作 リード（吹き口）の先が反らないように。 ×

遊 唇の押さえ方と、息の吹き方に工夫する。

作り方

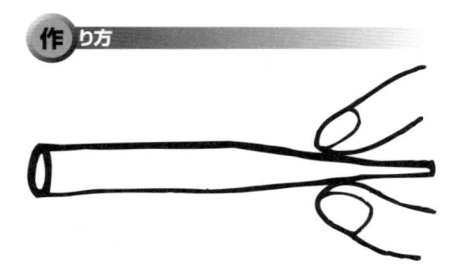

①ストローを適当な長さに切り、一方の先をつめでしごいて、平らにつぶす。

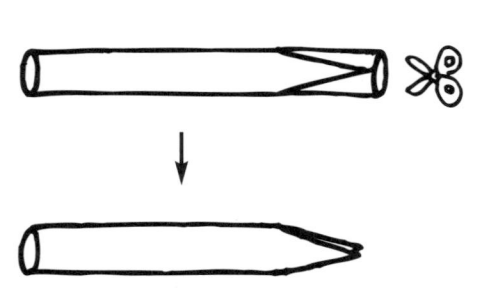

②つぶした部分を図のように切り、リードを作る。

● ちょっとアレンジ ●
長さの違うストローを連結させて
ホイッスル

用意するもの
- 【素材】• ストロー（直径6mm）数本
- 【用具】• ハサミ・セロハンテープ

★長さの違うストロー笛を作り、リードの先をそろえて連結させ、セロハンテープで留める。

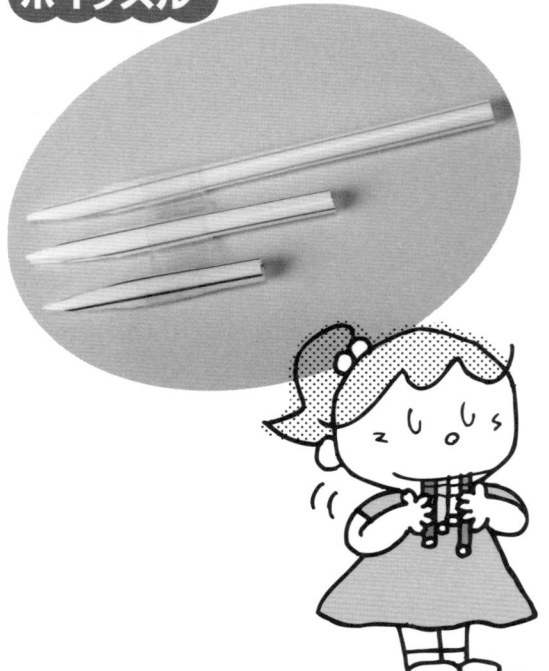

遊 リード側を全部口にくわえて吹くと、和音のような音が鳴る。

◆簡単おもしろおもちゃを作ろう！◆

●ちょっとアレンジ●

太さの違うストローを組み入れて

トロンボーン

用意するもの
【素材】・ストロー（直径6mmと5mm）各1本
【用具】・ハサミ・セロハンテープ

色紙を巻いてラッパの形に

ラッパ笛

用意するもの
【素材】・ストロー・色紙
【用具】・ハサミ・セロハンテープ

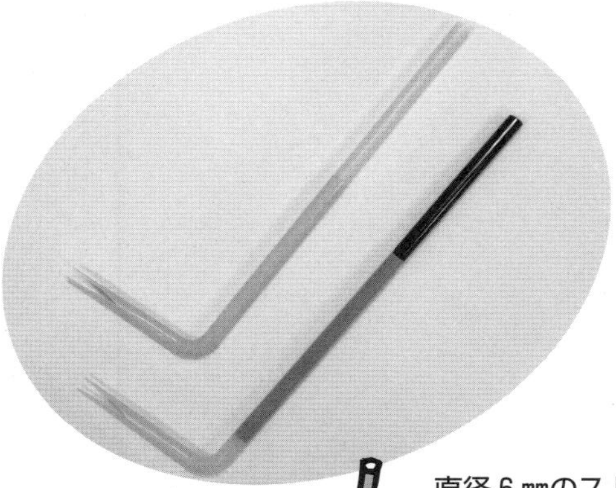

直径6mmのストローに、5mmのストローを組み入れる。

★上のストローを上下に動かしながら吹くと、音が震えるよ。

色紙を図のように切ってストロー笛に巻きつけ、セロハンテープで留める。

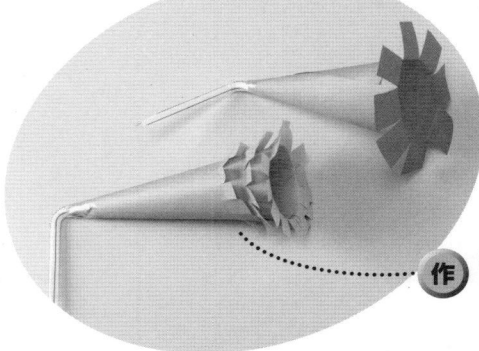

作 紙を何枚かずらして重ねると、ツリー形になる。

作 切り込みを入れて、花のイメージにしてもよい。

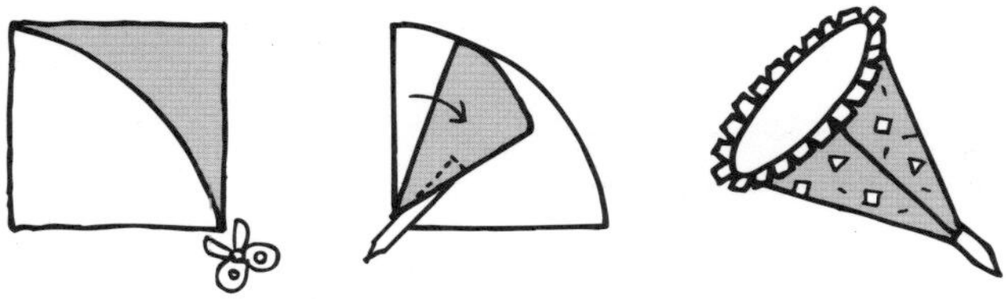

●保育者のサポートで●

水とストローのコラボレーション

水笛

用意するもの
【素材】・曲がるストロー（直径6mm）1本・細いストロー（直径4.5mm）1本
【用具】・ハサミ・はんだごて・セロハンテープ

①曲がるストローを、半分に切る。

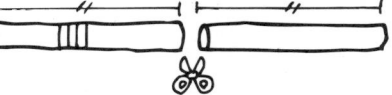

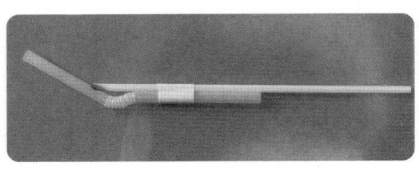

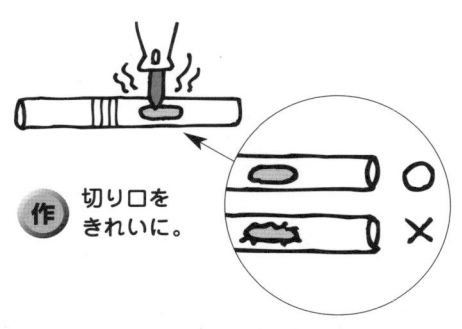

作 切り口をきれいに。

②はんだごてで、だ円形の穴を空ける。

③細いストローを、図のように切る。

作 ストローの先が、空けた穴にほぼかぶさるように。

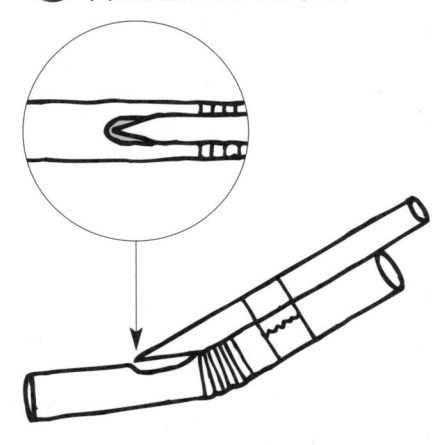

④曲がるストローを曲げ、細いストローを図のように切り口にかぶせて、セロハンテープで留める。

★コップに水を入れ、先端を少しつけて吹いてみよう。

水につける深さで、音が変わるよ。

第1章 作ろう！遊ぼう！ 7

●音の鳴る ストローロケット

太いストローの発射台から、ロケットが飛び出すよ。リードに音の鳴る工夫をして、高く、遠くへ飛ばしてみよう。

用意するもの
【素材】• 曲がるストロー（直径6mm）1本 • 細いストロー（直径4.5mm）1本
【用具】• ハサミ

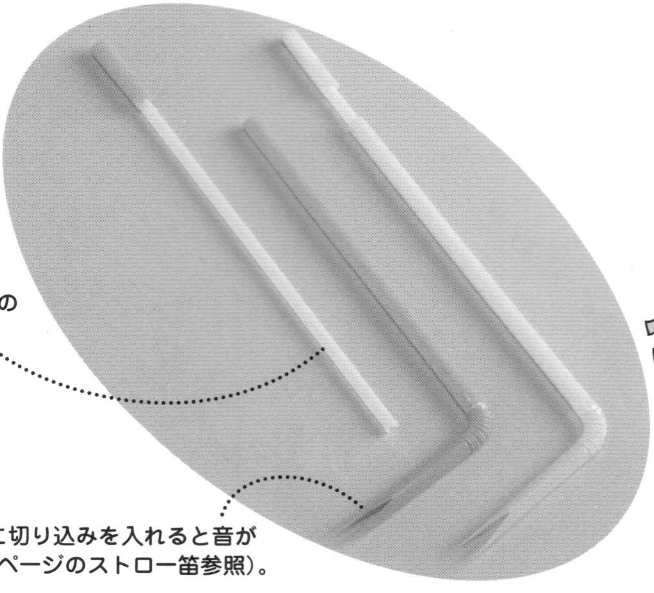

素 直径6mmと4.5mmのストローの組み合わせがベスト。

作 リードに切り込みを入れると音が鳴る（00ページのストロー笛参照）。

★発射台にロケットをセットして、勢い良く息を吹くと、プーッと音が鳴ってロケットが飛び出します。

作り方

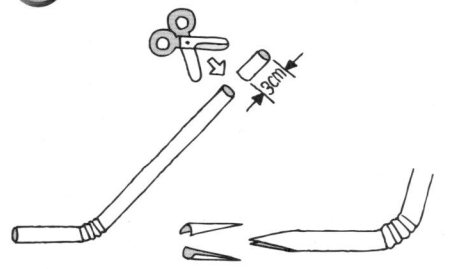

① 太いストローの先を3cm切る。
② リードの先は切り込みを入れる。
③ 細いストローの先を図のように折り曲げ、その部分に①で切り取ったストローをかぶせる。 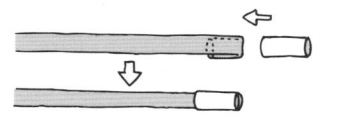
④ 発射台にロケットを差し込んだら出来上がり。 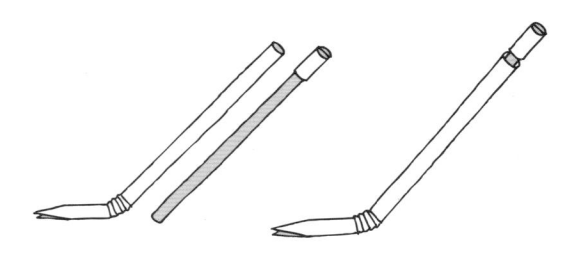

遊び方のバリエーション

高く飛ばそう！遠くへ飛ばそう！　　的に当てて遊ぼう！

倒れにくい！

作 的の折り方に注意！

◆簡単おもしろおもちゃを作ろう！◆

●音の鳴る クルクルプロペラ

いろんなプロペラを作って増やしてみよう！
クルクルとカラフルな色が、いっせいに回って
きれいだよ。

用意するもの
【素材】• 曲がるストロー（直径6mm）1本 • 細いストロー（直径4〜4.5mm）1本
【用具】• ハサミ • セロハンテープ • 油性フェルトペン

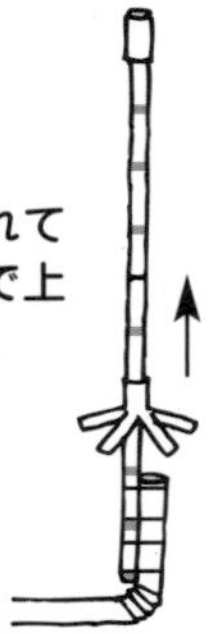

遊 ストローに目盛りを入れておくと、どれくらいまで上がったかの目安になる。

作 リードに切り込みを入れると音が鳴る（6ページのストロー笛参照）。

★勢い良く息を吹くと、プーッと音が鳴ってプロペラが浮き上がり、クルクルと回ります。

作り方

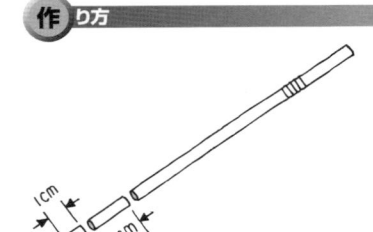

①曲がるストローを図のように、1cmと3cmに切り取る。

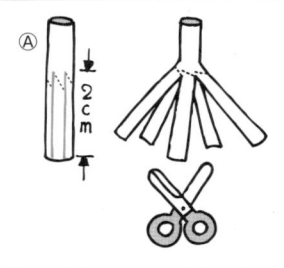

②Ⓐの4か所に、図のような2cmの切り込みを入れ、プロペラの形に斜めに折る。

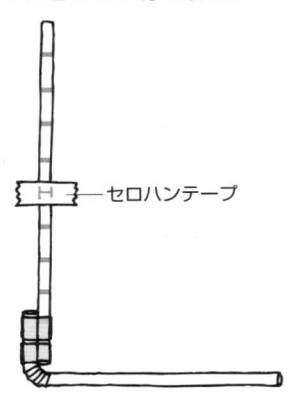

③折り曲げた曲がるストローに、細いストローを2本つないでセロハンテープで留める。

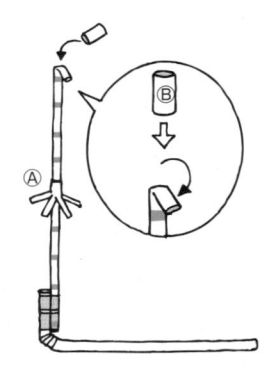

④細いストローにプロペラを通した後、先を折り曲げて、Ⓑのストッパーをかぶせる。

遊び方のバリエーション

カラフルクルクル

★プロペラに油性フェルトペンできれいに色を塗り、カラフルにします。

ダブル！トリプル！クルクル

★プロペラの数を増やして、たくさん回すあそびです。

第1章 作ろう！遊ぼう！

●クルクル巻くだけでできる 葉っぱクルクル笛

色紙で作った葉っぱが、あれあれ？ クルッと巻いたら笛になったよ。本物の葉っぱでも作れるよ。音の違いを楽しんでね。

用意するもの
【素材】●色紙
【用具】●ハサミ ●セロハンテープ
●ストロー（直径4.5mm）

作り方

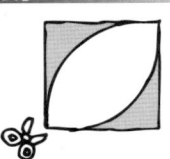

① 色紙を1/4の大きさにして、図のように切る。

② クルクルと巻いて筒状にし、先をセロハンテープで留める。

③ 筒の片方を指でつぶして、リード（吹き口）を作る。

作 できるだけ、ふっくらとした形に切り取る。

作 ストローをしんにして巻くと、きれいに巻ける。

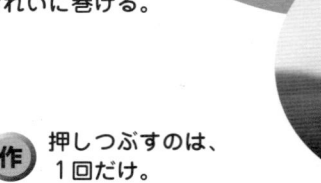

作 押しつぶすのは、1回だけ。

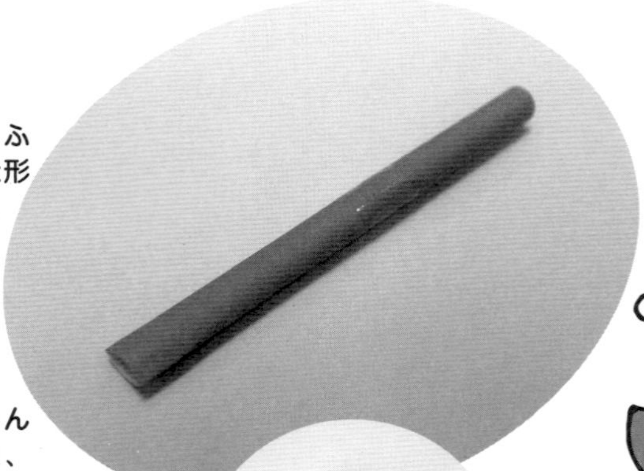

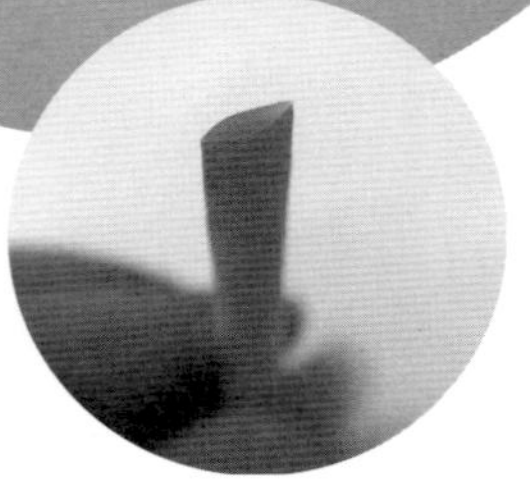

★筒状になった笛の、リードから真ん中あたりまでを軽くくわえて、勢い良く息を吹くと、プゥ〜と音が鳴ります。

遊 折り目が何か所もついていないか？ 笛がぬれていないか？ 筒の大きさが適切かを確かめる。

●二度折るだけで作れる ビービー紙笛

簡単にできる紙笛だよ。吹くと紙が震えて、ピーッと高い音が鳴るよ。すき間の開きを工夫して、音の高低を楽しんでね。

用意するもの
【素材】●色紙
【用具】●ハサミ

作り方

① 色紙を1/4の大きさに切り、図のように対角線に沿って折る。

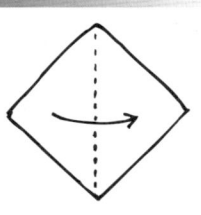

② 2か所の角を、2cmくらい折り返す。

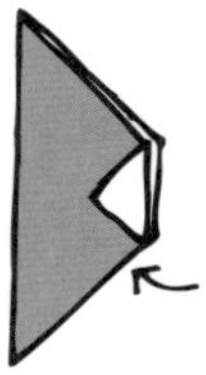

③ 折り返した角を、指で挟んで吹く。

★中指と人さし指の間に笛を挟み、折り返した部分のすき間に唇を当てて、強く息を吹きかけます。

遊 すき間は、くっつけた状態から少しずつ開くようにしていくのがコツ。

◆簡単おもしろおもちゃを作ろう！◆

●クルクル舞っておもしろい キンペラ・キャンペラ

プロペラみたいに動くから、「キンペラ・キャンペラ」っていう名前だよ。キンギョに似た形が「キンペラ」、キャンディーの包みに似た形が「キャンペラ」。楽しい名前だね。

用意するもの
【素材】• 色紙または紙テープ
【用具】• ハサミ・セロハンテープ・のり

作り方（キンペラ）

①色紙を1/8の大きさに切って帯を作り、図のように両端から切り込みを入れる。

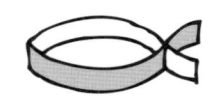

②輪にして、切り込みの部分を組み合わせる。

作 いろんな色の帯で作ると、とてもカラフルできれい！

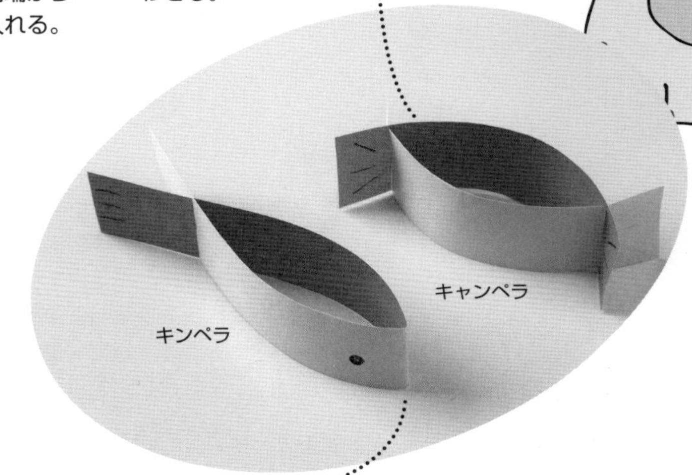

作 先を少しとがらせると良い。

遊 横にして、できるだけ高い所から落とすのがコツ。

★すべり台の上など高い所から、キンペラ・キャンペラを落として遊びます。

作り方（キャンペラ）

①色紙を1/8の大きさに切って帯を作り、さらに半分に折る。

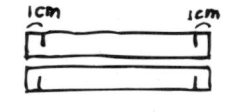

②2枚を重ねて、図のように両端から1cmの所に切り込みを入れる。

③キャンディの形になるように切れ目を組み合わせると出来上がり。

●ちょっとアレンジ●

帯を輪にして、真ん中をのりではり合わせるだけでも、簡単なキャンペラができます。

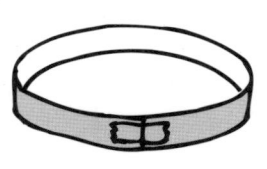

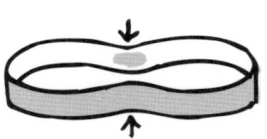

★バスタオルやふろしきなどの上にキンペラ・キャンペラを置き、四隅をピンと張って布を大きく上下に揺らすと、布の上でダンスします。

第1章 作ろう！遊ぼう！ 11

●グ～ンと伸びる ニョキタワー

筒になった新聞紙をチョキンと切って引っ張るとあら不思議？　グ～ンと上に伸びて、ニョキタワーの完成です。エッフェル塔？　それとも東京タワーかな？

用意するもの
- 【素材】・新聞紙
- 【用具】・ハサミ・ビニールテープ

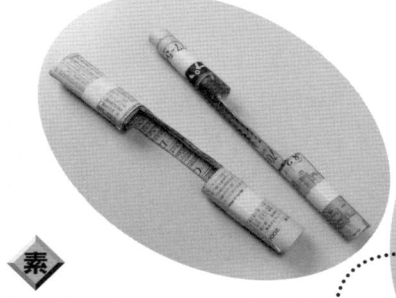

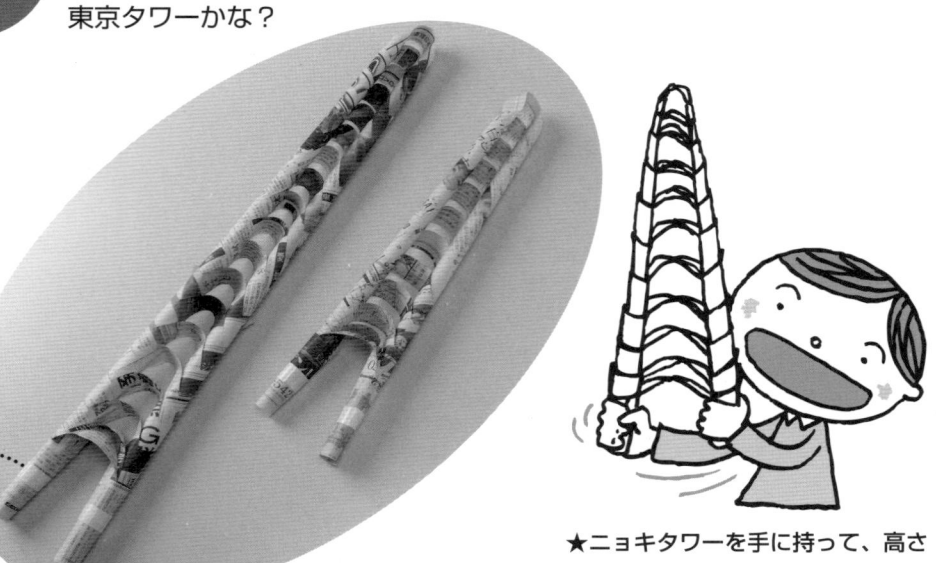

素 色の濃いビニールテープを使うと、はる位置の目安がわかりやすい。

★ニョキタワーを手に持って、高さ比べをして遊びましょう。

作り方

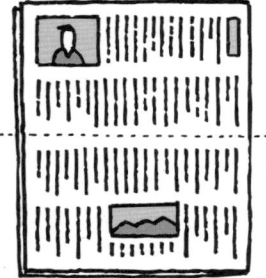

① 新聞紙2面分を図のように折ったまま、横半分に切る。

② 切った1枚分を使い、直径5cmくらいになるように、クルクルと巻いて筒にする。

直径の半分より深めに切る。

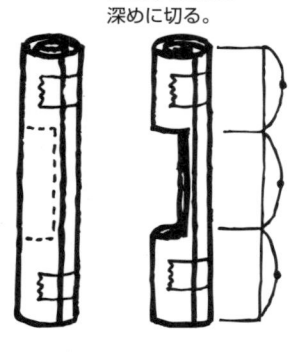

③ 両端2cmくらいの所をビニールテープで留め、中央部分約1/3を図のように切り取る。

④ 切った所を上にして折り、筒の丸みを整えながら、いちばん内側の新聞紙を引っ張り上げる。

遊び方のバリエーション

カラフルニョキタワー
★新聞紙のカラー面で作ります。

キレイ♡

スーパーニョキタワー
★新聞紙を2枚つないで作ります。 

10cm

すごい！

◆簡単おもしろおもちゃを作ろう！◆

●楽しいじゅずつなぎ
連結フォルム

何回も折った新聞紙を人型などに切って広げたら、形が全部つながっていたよ！

用意するもの
【素材】• 新聞紙
【用具】• ハサミ

★「アブラカダブラ〜」などと呪文を唱えながら、新聞紙をパッと開きます。

遊 連結したときにおもしろいモチーフを考える。

作り方

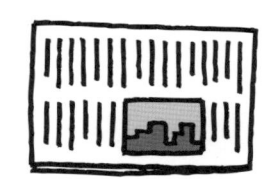

①新聞紙２面分を図のように折ったまま、横半分に切る。

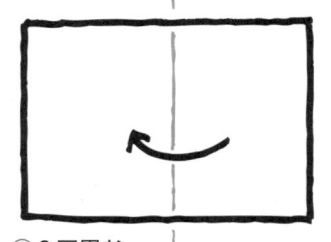

②３回畳む。

③はみ出るように好きな絵や図形をかき、斜線の部分を切り取る。

④両端を持って広げると……

遊び方のバリエーション

なが〜い連結フォルムを作ろう

ワァ〜イ!!

★友達の作ったものとつなぎます。

お部屋を飾ろう

看板を飾ろう

うんどうかい

第１章 作ろう！遊ぼう！

●回して飛ばそう 紙トンボ

懐かしいおもちゃ"竹トンボ"を、紙で作ってみよう。簡単に作れて、室内で飛ばしても安全。いろんな飛ばし方を試して遊ぼう！

用意するもの
- 【素材】● 厚紙（15cm×2cm）1枚
- ● ストロー（直径4.5mm）1本
- 【用具】● ハサミ・セロハンテープ
- ● フェルトペン

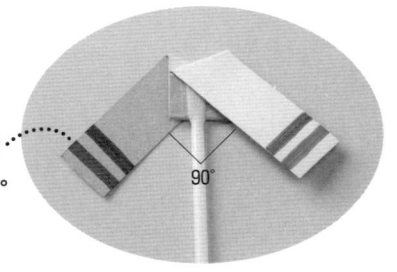

作 羽根は、ほぼ水平になるまで開いた状態がベスト。

素 牛乳パックやお菓子のパッケージなどを使ってもよい。

★ストローを両手で軽く挟んで、右手を押し出すように回します。回転しだしたらすばやく手を離します。

作 裏にも模様をかく。

・折り目をつける。 90°

・羽を水平に整える。

作り方

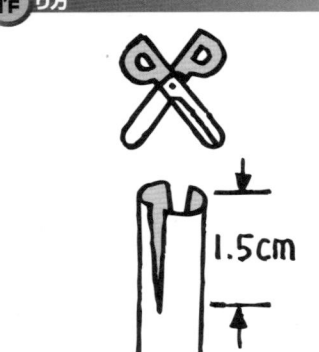

① ストローに1.5cmの切り込みを入れる。

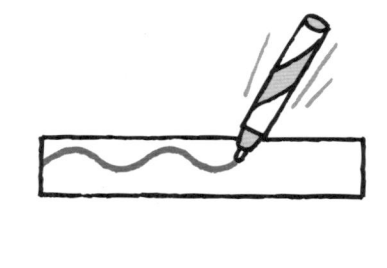

② 厚紙にフェルトペンで模様をかく。

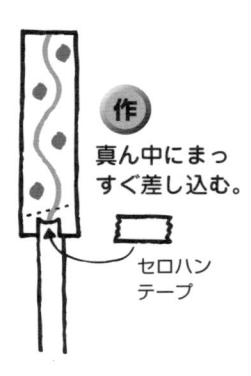

作 真ん中にまっすぐ差し込む。

セロハンテープ

③ 厚紙を二つ折りにし、ストローに差してセロハンテープで留めて固定する。

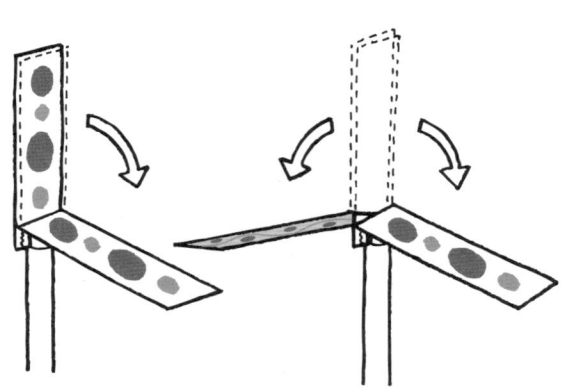

④ 2枚の厚紙がほぼ水平になるまで開き、紙トンボの羽根を形作る。

遊び方のバリエーション

高い所から飛ばそう

★風に乗りやすいでしょう。

紙トンボ取りあそび

★地面に落ちるまでに取りっこするあそびです。

◆簡単おもしろおもちゃを作ろう！◆

●びっくり音が楽しい 紙てっぽう

パァーン！ と鳴るか、ポン！ と鳴るか、プスッと不発で大笑いするか!? びっくり音コンテストをしても楽しいよ！

用意するもの
【素材】・広告チラシやＡ３のコピー用紙

素 広告チラシなどの固くて薄い紙

パァーン！

★紙てっぽうの端（袋になっていない方）を持って、思いきり振り下ろすと、パァーン！ と音が鳴ります。

遊 スナップをきかせて振るのがコツ。

作り方

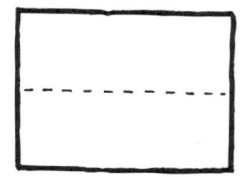

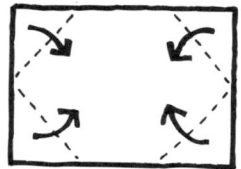

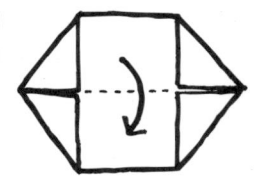

①紙の長い方を、二つ折りにして開く。

②四隅の角を、中心線（①の折り目）に向かって折る。

③中心線で二つに折る。

④縦に二つに折る。

⑤一方を起こして中を広げ、四角にして押さえる（もう一方も同様にする）。

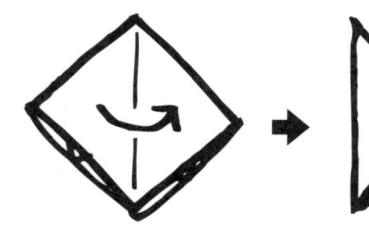

⑥できた四角形を半分に折って出来上がり。

遊び方のバリエーション

両手で2連発！

パァーン！ パァーン！

びっくり紙てっぽう

★もっと大きい紙で作ります。

パァーン！

第1章 作ろう！ 遊ぼう！

② おもしろ人形大集合!

●何が隠れているのかな？
いないいないばぁ！

出てくるものはなんだろう？ ワクワクドキドキお楽しみ。「いないいないばぁ！」の掛け声で、あそびがいっそう盛り上がるよ！

用意するもの
- 【素材】
  - お菓子などの空き箱
  - 箱よりも小さめの厚紙
  - たこ糸(50㎝)
  - リング
  - 色紙や画用紙
- 【用具】
  - ハサミ
  - 油性フェルトペン
  - のり・セロハンテープ
  - 穴空けパンチ

遊 箱の絵と中の仕掛け用カードとの変化が、おもしろさのカギ！

★「いないいないばぁ」と言いながら、たこ糸を引っ張りましょう。中からカードが飛び出してきます。

作り方

① 画用紙に絵をかいたり、色紙で模様を作ったりして切り抜き、空き箱にはる。

② 仕掛け用カード(厚紙)にも絵をかく。

③ 図のように、箱とカードそれぞれに穴空けパンチで穴を空け、たこ糸を通してリングに結ぶ。

遊び方のバリエーション
かわいいいないいないばぁ！

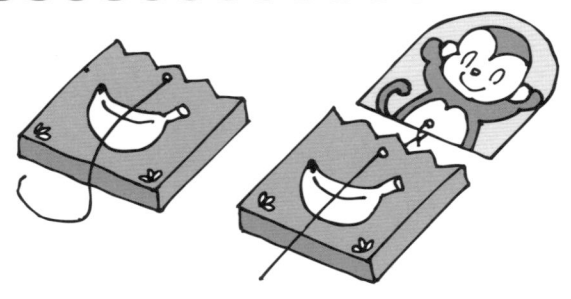

●ちょっとアレンジ●
紙コップで作る
びっくりいないいないばぁ！

用意するもの
- 【素材】紙コップ2個・ひも(30㎝)
- 【用具】フェルトペン
  - 目打ちまたはきり

遊 ひもを引っ張ると、中の仕掛けが飛び出す。

① 外用紙コップに絵をかき、両端の上から1/3の位置に、穴を空ける。

② 仕掛け用紙コップにも絵をかき、底の中央に穴を空け、図のように①と組み合わせて穴にひもを通して結ぶ。

◆おもしろ人形大集合!◆

●風で回る クルクルタコのバレリーナ

風を受けて回るようすがバレリーナみたい！
いろんなポーズに作り替えてもおもしろいよ。

用意するもの
【素材】• 紙コップ2個 • 水糸(0.9mm)
　　　　またはたこ糸
【用具】• ハサミ • 油性フェルトペン
　　　　• きりまたはカルコなど

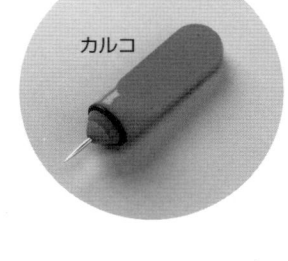

素 ホームセンターなどで売っている、水糸がベスト。なければたこ糸。

カルコ

作 プロペラの角度は、45°くらいがいちばんよく回る。

★たこ糸の端を持って走ると、風を受けてクルクル回ります。

作り方

①紙コップを、底から1cmの所で切る。

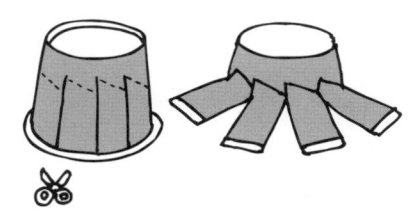

②図のように切り込みを入れ、それぞれを斜めに折ってプロペラ状にする。

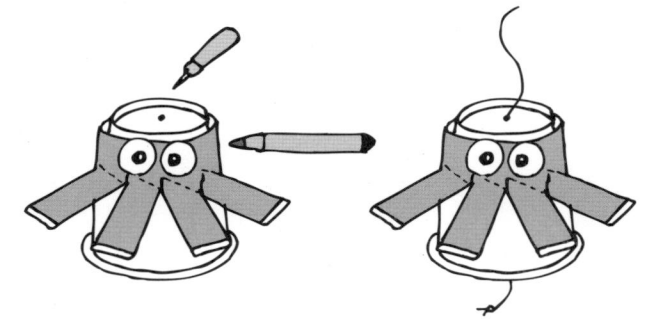

③油性フェルトペンで目をかいて、もう一つの紙コップに重ねる。

④紙コップの底の中央に穴を空け、たこ糸を通して端に結び目を作る。

●ちょっとアレンジ●

窓につるそう！

短冊つけてたなばた飾り

つなげてつるそう！

第1章 作ろう！遊ぼう！

●ゲームも楽しめるストロー人形
旗揚げパンダ

ストローの仕掛けで、両手が別々に動くよ。いろんなあそびのアイデアを、たくさん考えてね。

用意するもの
【素材】・ストロー(直径6mm)1本・細いストロー(直径4.5mm)2本・色紙・画用紙・つまようじ2本
【用具】・ハサミ・セロハンテープ・フェルトペン

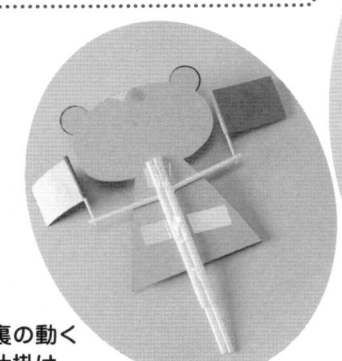

裏の動く仕掛け

★2本のストローをそれぞれ上下に動かすと、左右の手が別々に動きます。

作り方

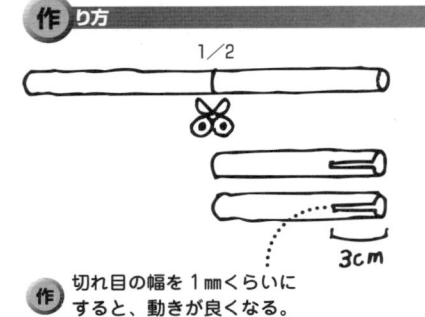

切れ目の幅を1mmくらいにすると、動きが良くなる。

① ストロー(6mm)を半分の長さに切って、それぞれに切れ目を入れる。

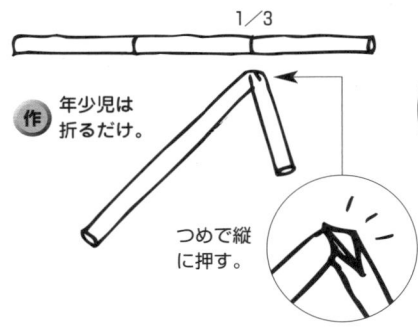

年少児は折るだけ。
つめで縦に押す。

② ストロー(4.5mm)を1/3の所で折り、図のように折り目の部分を中折りする。

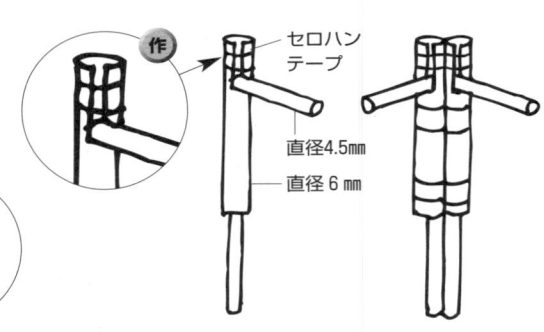

セロハンテープ
直径4.5mm
直径6mm

③ ①に②を差し込んでセットし、セロハンテープで固定する。これを二つ作って、セロハンテープで固定する。

裏

④ 色紙や画用紙でパンダの顔や体を作り、セロハンテープで③にはる。

下からつまようじを刺す。

⑤ 手につまようじを刺して、旗や色紙をはる。

●ちょっとアレンジ●
首振りキリン

◆おもしろ人形大集合!◆

●指で自由に操れる手袋人形
森のクマちゃん

手袋の指が、動物の顔や腕、体に変身！ 仲間をたくさん作って、人形劇に使っても楽しいね。

★スキンシップやコミュニケーションに。また、シアターのキャストに登場させて活用してもよいでしょう。

用意するもの
- 【素材】・軍手1双 ・輪ゴム3本
  ・フェルト ・木工用接着剤
- 【用具】・油性フェルトペン

遊 指の使い方

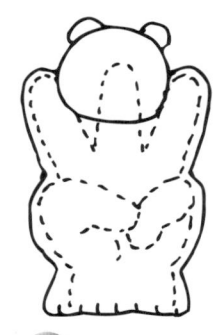

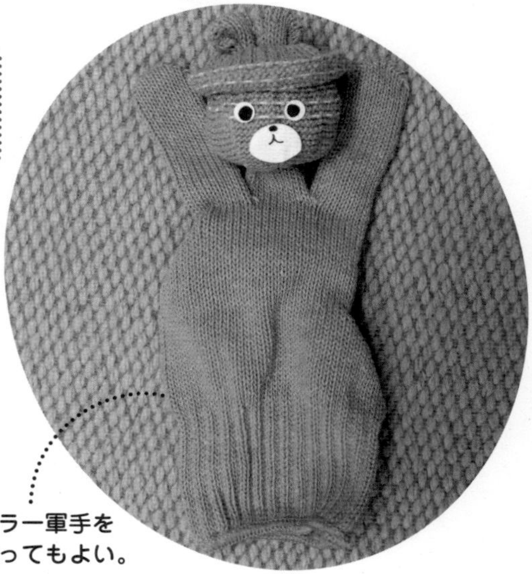

素 カラー軍手を使ってもよい。

作り方

①軍手を裏返しにして中指と薬指を中に入れ、図の部分を輪ゴムで強くくくる。

②軍手を表に返して、親指のつけ根部分を輪ゴムで留める。

③手首の部分を再度を裏返し、上から1/3の所を輪ゴムで留める。

④帽子をかぶった感じになるように、折り返す。

⑤フェルトで顔を作り、木工用接着剤ではる。

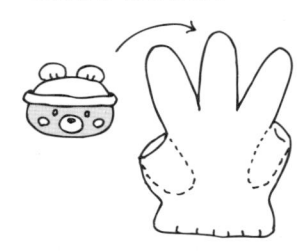

⑥もう1枚の軍手の親指と小指を中に入れ、中指の先に⑤を差して出来上がり。

●ちょっとアレンジ●

ウサギちゃん

作 耳を長くするだけで、ウサギに変身。

マスコット

遊 牛乳瓶などにかぶせておくと、かわいいマスコットに。

第1章 作ろう！ 遊ぼう！

●動く紙コップ人形
バタバタアヒル

曲がるストローが大活躍！ じゃばらの特徴をうまく生かして、動く紙コップ人形をいっぱい作ろう！

用意するもの
【素材】・紙コップ1個・曲がるストロー（直径6mm）2本・色紙
【用具】・ハサミ・セロハンテープ・のり・フェルトペン・きりまたはカルコなど・鉛筆など

カルコ

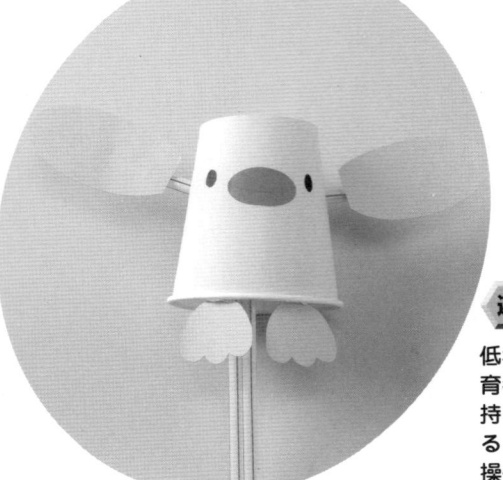

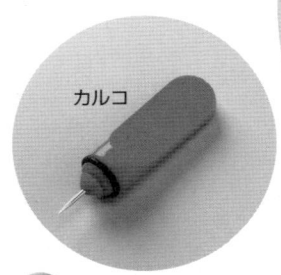

★片手で紙コップを持ち、もう一方の手でストローを持って上げ下げすると、手が動き、ばんざいもします。

遊　低年齢児には、保育者が紙コップを持って支えてあげると、ストローの操作がしやすい。

作り方

①紙コップの両側に、カルコで穴を空け、さらに鉛筆などで穴を大きくしておく。

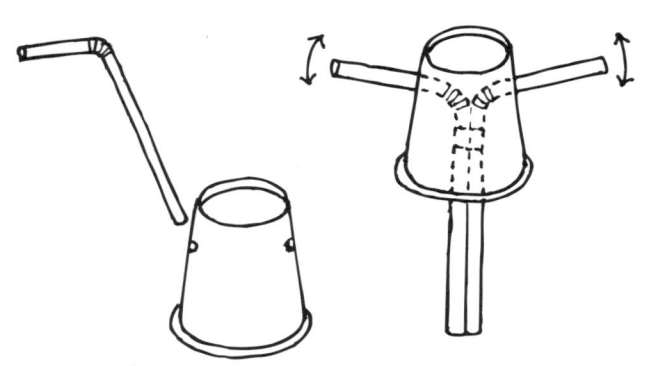

②紙コップの穴に、外側から曲がるストローを差し込む（反対側も同様に）。2本のストローは、中でセロハンテープで留める。

③紙コップにアヒルの目やくちばしをかき、水かきをのりづけする。さらにストローに羽をつけると出来上がり。

●ちょっとアレンジ●
リバーシブル人形

用意するもの
【素材】・紙コップ1個・曲がるストロー（直径6mm）2本
【用具】・ハサミ・セロハンテープ・のり・フェルトペン・きりまたはカルコなど・鉛筆など

遊　表と裏に違う絵や模様をかいたりはったりして、リバーシブルの人形で遊んでもおもしろい。

◆おもしろ人形大集合!◆

●ちょっとアレンジ●
スノーマン

作り方

①紙コップの底に穴を空け、中から丸ばしを通し、先に発泡球を刺して顔を作る。

②油性フェルトペンで目や口をかいたり、色紙を切って模様を作ってはる（ティッシュペーパーなどでマフラーに）。

用意するもの
- 【素材】●紙コップ1個 ●曲がるストロー（直径6mm）2本 ●丸ばし1本 ●発泡球1個 ●色紙
- 【用具】●ハサミ ●セロハンテープ ●のり ●油性フェルトペン ●きりまたはカルコなど

チェロ弾きスノーマン

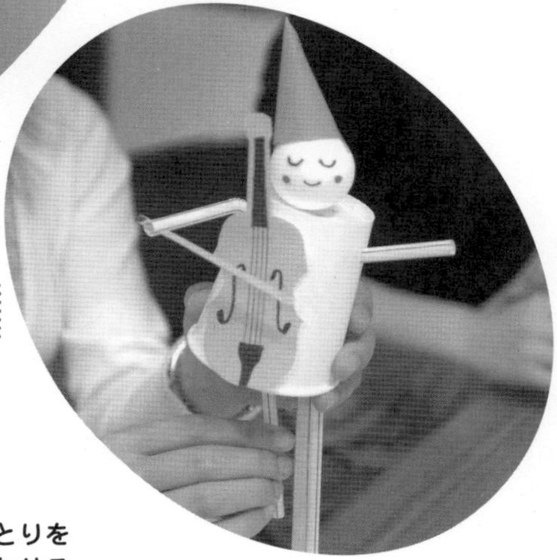

用意するもの
※スノーマンと同様。

素 目はかいてもよいし、ビーズをつけてもかわいい。

作 ゆとりを持たせる。

●ちょっとアレンジ●
手袋も使って
こんにちは、さようなら人形

用意するもの
- 【素材】●紙コップ3個 ●丸ばし1本 ●発泡球1個 ●軍手 ●輪ゴム3本 ●色紙
- 【用具】●ハサミ ●のり ●油性フェルトペン ●きりまたはカルコなど

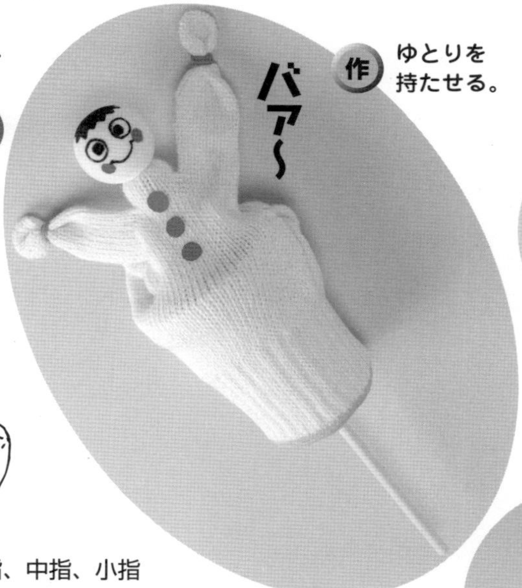

①紙コップを三重にして、底に穴を空ける。

②軍手の親指、中指、小指を内側に押し込む。

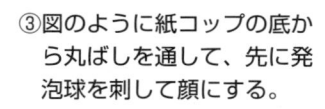

③図のように紙コップの底から丸ばしを通して、先に発泡球を刺して顔にする。

④油性フェルトペンで目や口をかいたり、色紙を切って模様を作ってはる。

★丸ばしを上げ下げすると、顔が出たり入ったりします。

第1章 作ろう！遊ぼう！

●風に乗ってついてくる フワフワ人形

空気でパンパンに膨らませた、ポリ袋の人形だよ。つり下げても、持って走っても、風に乗ってユラユラ、フワフワ〜！ こんなてるてる坊主があっても楽しいよね。

用意するもの
- 【素材】・カラーポリ袋1枚
  ・たこ糸・輪ゴム
  ・色紙・丸いシール
- 【用具】・ハサミ・油性フェルトペン・セロハンテープ

遊 輪ゴムを長く連結すると、持って走ったとき、フワフワ感が増す。

★手に持って走ると、風に乗ってフワフワと泳ぐようについてきます。

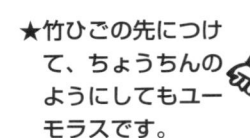

作り方

①ポリ袋に空気を入れて膨らませ、顔の大きさを考えてから空気が漏れないように輪ゴムで縛る。

作 押さえたり絞ったりする。

②セロハンテープや輪ゴムを使って、好きな形に整える。

③丸いシールや色紙、油性フェルトペンで顔の表情を作り、つないだ輪ゴムをセロハンテープで留めると出来上がり。

●ちょっとアレンジ●

ポンポン人形

★大きなゴミ用ポリ袋を使って、中に小さく切った色紙をたくさん入れて、下からポンポンとついて遊びます。色紙のカラフルさと、ダイナミックな揺れを楽しめます。

フワフワちょうちん

素 竹ひごは、直径3mm、長さ50cmくらいが適当。

★竹ひごの先につけて、ちょうちんのようにしてもユーモラスです。

◆おもしろ人形大集合!◆

●縫わずに作れる 変身タオル人形

針や糸を使わずに人形が作れるよ。二つのキャラクターが一瞬にして変身！ 変身のアイデアを考えて、いろんなパターンで作ろう！

用意するもの
【素材】●フェイスタオル2枚 ●輪ゴム6本 ●丸いシール（白／直径18mm 2枚・黒／直径16mm 3枚、直径8mm 3枚・赤／直径16mm 2枚、直径8mm 2枚）

遊 「変身！」と掛け声を掛けると、あそびが盛り上がるでしょう。

作 中の透視図

★上下をひっくり返すと違う人形が出てきて、変身したように見えるところがおもしろさです。

作り方

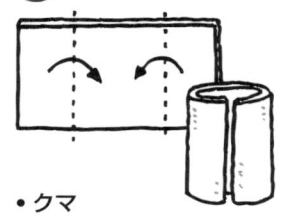

・クマ
① タオルを図のように畳む。 
② 角をつまんで輪ゴムで留め、耳を作る。 
③ 輪ゴムで顔と胴体を分けるように留める。 
④ シールをつけて、目、鼻、ほおにする。

・ウサギ
⑤ ①と同様にして畳む。
⑥ ②と同様にして耳を作る。
⑦ ④を図のように畳む。
⑧ ⑥と⑦を図のように重ねる。
⑨ ⑦の首の位置を輪ゴムで留める。

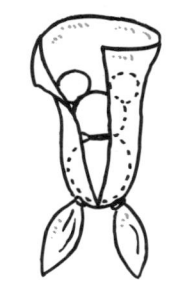

遊び方のバリエーション

親子で変身！

表情で変身！

第1章　作ろう！ 遊ぼう！

●口がパクパク手も動く
バスタオル人形

手や口が自由に動いて、表情たっぷりにお話ができるよ。腹話術スタイルでスキンシップやコミュニケーションにも使ってね!

用意するもの
【素材】●バスタオル1枚●フェイスタオル3〜4枚●半そでシャツ（子ども用）1枚●輪ゴム18本●丸いシール（白／直径18mm 2枚・黒／直径16mm 3枚・赤／直径16mm 2枚）●厚紙●手袋

★人形を片腕に抱くようにして座らせ、利き手で手や口を操作します。シアターにも使いましょう。

バイバ〜イ!

遊 手の入れ方の透視図。

作り方

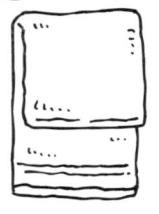

① バスタオルを図のように畳む。

② 左右を図のように畳む。

③ 両端を輪ゴムでくくり、耳を作る。

④ 下から手を入れて、口になる部分に輪ゴムを掛ける。

⑤ 顔の部分に、フェイスタオルを入れて整える。

⑥ 下あごになる部分に輪ゴムを掛ける。（フェイスタオル・厚紙）

⑦ タオルをきつく棒状に巻きつける。

⑧ 図のように、棒状の部分4か所に輪ゴムをしっかり留める。

⑨ 半そでシャツを着せて、手首を輪ゴムで留める（手袋をつけてもよい）。

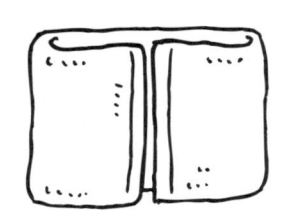

⑩ フェイスタオルを図のように畳む。

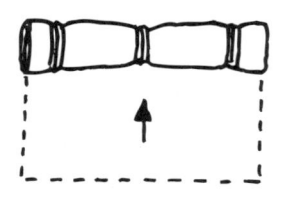

⑪ 棒状に巻きつけ、3か所を輪ゴムで留めて足を作る。

⑫ ⑪を図のようにTシャツの両すそに置き、輪ゴムで留める。

⑬ シールで目、鼻、ほおをつけて、出来上がり。

◆おもしろ人形大集合!◆

●タップダンスも踊れる 空き箱マリオネット

空き箱に足や顔をつけると、楽しい人形になるよ。マリオネットにして操ると、さらにイキイキ！ いろんなキャストを作って、マリオネットシアターを楽しもう！

用意するもの
- 【素材】●紙の空き箱(ふたつき)またはティッシュペーパーの空き箱 ●割りばし3本 ●たこ糸(1m)4本 ●輪ゴム ●紙テープ ●画用紙 ●色紙 ●ペットボトルのふたや王冠など
- 【用具】●ハサミ ●穴空けパンチ ●のり ●セロハンテープ

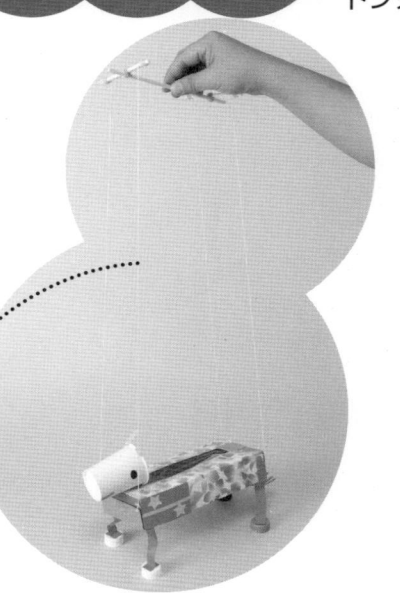

★割りばしを左右に動かしたり、上下に持ち上げたりして動きを操作します。カチャカチャと音が鳴って、タップダンスをしているようです。

遊 動く仕組みを知らせると、イキイキした操作ができる。

作り方

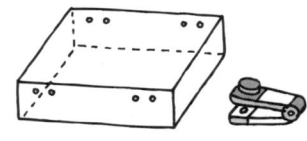

①空き箱のふた4か所に、それぞれ2個ずつ穴空けパンチで穴を空ける。

②割りばしを図のように組んで輪ゴムでくくり、たこ糸を結んで動く仕組みを作る。

③たこ糸の先を図のように4か所の穴に入れて、内側でしっかり結ぶ。

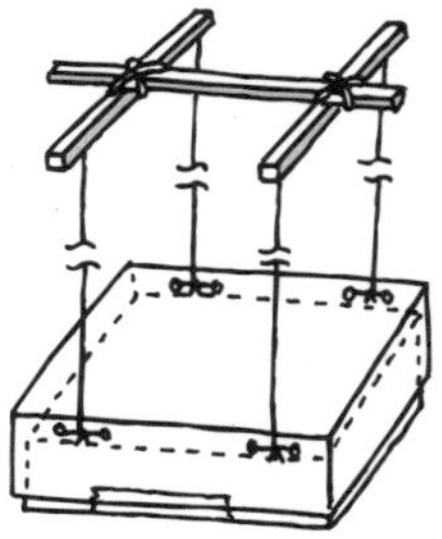

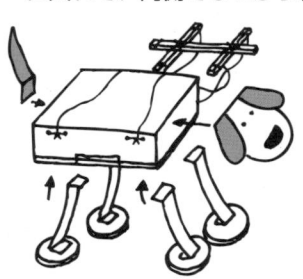

④画用紙や色紙、紙テープなどで、顔や足、しっぽを作り、箱のふたにつける。

⑤ふたを下箱にかぶせて、セロハンテープで留めると出来上がり。

作 ティッシュペーパーの空き箱を使うと、簡単にできる。

遊び方のバリエーション
マリオネットシアター

第1章 作ろう！遊ぼう！ 25

③ お菓子を作ろう！ごっこと本物

●パティシエごっこ いろいろケーキ

タオルを使ってできる、3種類のケーキだよ。クルクル巻くだけで、おいしそうなスイーツになるよ！ みんなでパティシエになって、作ってみよう！

ハンドタオルで ロールケーキ

用意するもの
- 【素材】・ハンドタオル(白・色つき)各1枚
- ・輪ゴム2本 ・ケーキカップ1個
- ・紙皿1枚 ・モールなど(トッピング用)

作り方

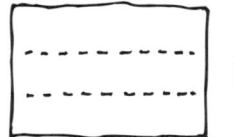

① ハンドタオルを、それぞれ図のように三つに折る。

② 2枚のタオルを2cmほどずらして重ねた後、クルクルと固く巻き、2か所を輪ゴムで留める。

③ ケーキカップにセットすると、出来上がり。

ハンドタオルで ショートケーキ

用意するもの
- 【素材】・ハンドタオル(34cm角)1枚 ・輪ゴム2〜3本 ・ケーキカップ1個 ・紙皿1枚 ・モールなど(トッピング用)
- 【用具】・油性フェルトペン(赤)

作り方

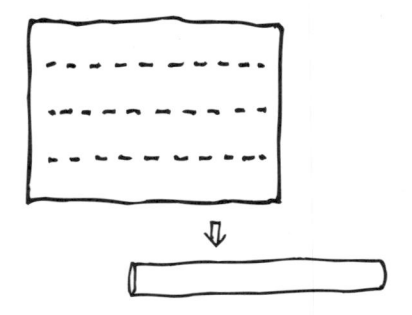

① ハンドタオルを四つに折る。

② 三つの山になるように折る。

③ 形が崩れないように輪ゴムで留める。

> 作 本物らしく見えるように、ビー玉、モールやケーキ素材で飾りましょう。

◆お菓子を作ろう！ ごっこと本物◆

バスタオルで デコレーションケーキ

用意するもの
- 【素材】・バスタオル（色つき）1枚・ゴムひも（巻いたバスタオルを留める程度の長さ）1本・モール・色紙・厚紙1枚・レースの敷物・モールなど（トッピング用）
- 【用具】・ハサミ

作り方

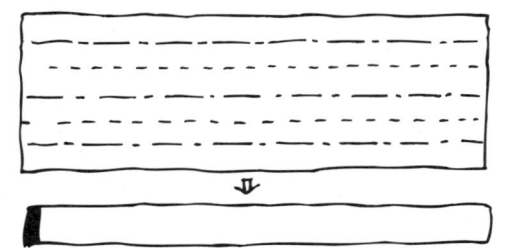

①バスタオルを、図のように6回折る。

②①を端からクルクルと固く巻きつけ、ゴムひもで留める。

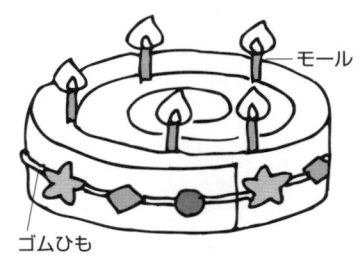

③モールでろうそくなどを作ったり、色紙でデコレーションする。

④ケーキがおいしそうに見えるように、飾りつけのセッティングをしてもよい。

第1章 作ろう！ 遊ぼう！

●喫茶店ごっこ
お茶&ケーキ

コーヒーや紅茶、みんなの大好きなケーキもある喫茶店。スポンジを使ったケーキや、不思議な色のハーブティーを作って、喫茶店ごっこをして遊ぼう！

マジカルハーブティー

用意するもの
- 【素材】・マローの生花約30枚（市販の乾燥したものなら10g）・レモン1／2個・砂糖適量・水900cc
- 【用具】・耐熱性ガラス容器・ティーカップ・レモン絞り器

★赤紫色の花から青色のお茶ができ、さらにピンクに変わります。見て味わって、2度楽しみましょう。楽しい喫茶店ごっこの後は、ティータイムです。

作り方

①マローの生花をさっと水で洗う（乾燥したものを使う場合も同様）。

②耐熱性ガラス容器に花を入れ、沸騰したお湯900ccを静かに注ぐ（かき混ぜないようにする）。

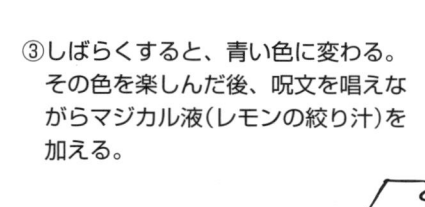

③しばらくすると、青い色に変わる。その色を楽しんだ後、呪文を唱えながらマジカル液（レモンの絞り汁）を加える。

「マジカルチェンジ」

●ちょっとアレンジ●
マローティー染め

★マローティーを使って、布を染めることができます。

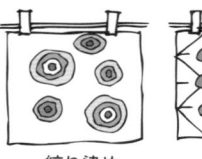

絞り染め　畳み染め

遊び方のバリエーション

★色の変化を楽しんだ後は、砂糖を入れて、ハーブティーとして飲みましょう。

◆お菓子を作ろう！　ごっこと本物◆

スポンジのケーキ

用意するもの
- 【素材】・徳用スポンジ・せっけんクリーム（レモンせっけん1/2：水40cc）・ビー玉・おはじき・スーパーボール・葉っぱや木の実・ケーキカップ
- 【用具】・ハサミ・カッターナイフ・下ろし金・ボウル・泡立て器・ポリ袋・絞り金口

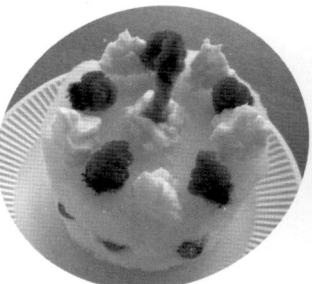

素 色をカラフルにしたいときは、少量の食紅を入れて、イチゴやブルーベリークリームを作る。

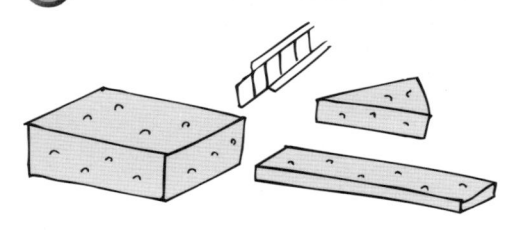

作り方

① 徳用スポンジを、ショートケーキ用に三角や四角に切る。ロールケーキ用は、スポンジをカッターナイフで薄く切る。

② レモンせっけんを下ろし金で削り、水といっしょにボウルに入れ、泡立て器でクリーム状（固め）の泡を作る。

③ 絞り口金をつけたポリ袋に②を入れて、①を飾る。ビー玉やおはじき、葉っぱ、木の実などを使って、さらにおいしそうにデコレーションする。

スライムパフェ

用意するもの
- 【素材】・スライム（ほう砂＋PVA洗濯のり）・せっけんクリーム（レモンせっけん1/2：水40cc）・食紅または絵の具（スライム・せっけんクリームの着色用）・ビー玉・おはじき・スーパーボール・葉っぱや木の実・透明のカップ
- 【用具】・下ろし金・ボウル・泡立て器・ポリ袋・絞り金口
- ※ほう砂は薬局、PVA洗濯のりはホームセンターで売っている。
- ※ほう砂の水溶液は無色透明ですが、水とまちがえて飲まないよう、十分管理に気をつけてください。

素 スライムやクリームの色を変えるときれい。

作り方

① ほう砂と洗濯のりを混ぜて作ったスライムに、水で溶いた食紅（または絵の具）を混ぜてゼリーを作る。

② 透明のカップに①を入れ、スーパーボールやおはじきなどを色合い良く入れる。

③ せっけんクリームを作り、②にソフトクリームのように盛りつけて、葉っぱや木の実をトッピングする。

●スライムの作り方●

① ほう砂1gに水10ccを入れてよく混ぜる。
② PVA系洗濯のり50gに食紅入りのぬるま湯50ccを入れて混ぜ、①を加えた後、泡を作らないようによく練るとスライムの出来上がり。
※紙コップ半分量のスライムができる。

●縁日ごっこ
できたよ、焼けたよ！

お祭りなどの縁日のお店で売っているものって、みんなとてもおいしそうだね。ワクワクした気分でほおばるおだんごやタコ焼きを思い出して、本物みたいに作ってみよう！

梱包材で みたらしだんご

用意するもの
- 【素材】●梱包材 ●竹ぐし ●絵の具（茶色）●紙皿
- 【用具】●ハサミ ●筆
- ※梱包材は、ホームセンターで売っている。

★「いらっしゃい、いらっしゃい！ おいしいよ！」などと元気に掛け声をかけて、縁日のお店のムードを盛り上げましょう。

作り方

素 竹ぐしの先は、ハサミで切り落としておく。

① 梱包材を3～4個、竹ぐしに刺す。

② 茶色の絵の具を、少なめの水で溶いてタレにする。

③ 筆で①に②のタレを塗る。
作 ノリに見たてた色紙を巻いて、ノリ巻きもできる。

④ 乾いたら、紙皿に盛って出来上がり。

小麦粉で 三色だんご

用意するもの
- 【素材】●小麦粉 ●食紅（赤・黄・緑など）●竹ぐし ●水
- 【用具】●ボウル

作り方

① ボウルに小麦粉と水を入れ、粘土のように丸めて、だんごにできるくらいの固さになるようによく練る

② ①を三つのボウルに分け、それぞれに少量の食紅を混ぜて、三色だんごのネタを作る。

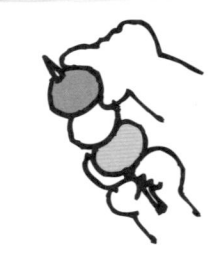

③ それぞれのネタを小さくちぎって丸め、竹ぐしに3個（三色）ずつ刺して、出来上がり。

◆お菓子を作ろう！　ごっこと本物◆

ティッシュペーパーで
タコ焼き

用意するもの
【素材】• ティッシュペーパー • アルミホイル • 再生紙（黄色）• つまようじ • 発泡トレイまたは食材用のプラスチックトレイ
【用具】• 水性フェルトペン • 絵の具（茶色）• 筆 • 木工用接着剤

● ちょっとアレンジ ●
★『みたらしだんご』で使った梱包材を丸く削ってしんにすると、つまようじで刺したときの感触がさらに良くなります。

作り方

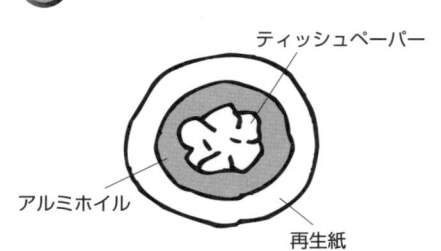

①ティッシュペーパー2枚を丸めたしんを、図のようにアルミホイル、再生紙の順に包んで、木工用接着剤で留める。

②手で丸く形を整えて、水に溶いた絵の具のソースを塗り、乾いたら水性フェルトペンで青ノリなどをかき込む。

③②をトレイに入れ、つまようじを添えると出来上がり。

第1章　作ろう！遊ぼう！

●本物のお菓子で
おかしな？スイーツフェイス

お菓子を使って遊んでみよう！ お菓子に友達の顔をかいたり、飾りつけたり、なんだか食べるのがもったいないね。

★顔をかく前に、鏡でおもしろい顔を研究したり、友達同士で表情を見せ合って遊んでも楽しいでしょう。

用意するもの
【素材】・炭酸せんべいまたは丸形クッキー2枚・花形パイ4枚・固定用アイシング（粉砂糖50g：水7cc）描画用アイシング（固定用アイシング＋食紅）・装飾用のお菓子
【用具】・紙皿・ポリ袋・絞り金口

イメージやアイデアを形にしやすいように、できるだけたくさんの色のアイシングを用意する。

作り方

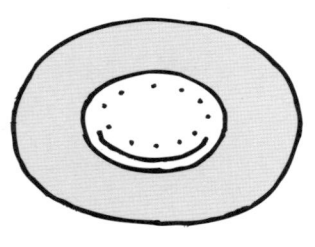

①紙皿に固定用アイシングを塗り、炭酸せんべい1枚を載せて固定する。

②①の上に花形クッキー4枚を載せ、その上にもう1枚の炭酸せんべいを重ねて顔の土台を作る。

③描画用アイシングをポリ袋に入れ、絞り口金をつけて準備する。

④②に③で顔をかいたり、装飾用のお菓子でデコレーションする。

遊び方のバリエーション
おもしろ顔コンテスト

★だれの作った顔がいちばん愉快で楽しいか、コンテストをして遊びましょう。

◆お菓子を作ろう！ ごっこと本物◆

●本物のパンで おいしい怪獣

パンで作ったユニークな怪獣だよ。怖い怪獣、ユーモラスな怪獣、どんな怪獣を作ってみたい？アイデアが浮かんだら、土台をしっかり針金で作ってね。そして最後は、おいしく食べちゃおう！

用意するもの

- 【素材】・パン生地（中力粉100g・イースト0.5g・塩2g・ショートニング10g・スキムミルク5g・水55cc）・卵1個・食紅（赤・青・黄）・抹茶・ココアなど
- 【用具】・ハサミ・セロハンテープ・ボウル・針金・ティッシュペーパー・はけ・オーブン

★パンが焼ける香ばしいにおいが立ちこめてくると、ワクワクします。十分鑑賞してから、おいしくいただきましょう。

おすもうさんも作ったよ。

(作) 食べずに作品として保存する場合は、20分余計に焼いて、水分を飛ばしておく。

作り方

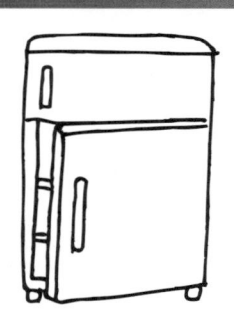

①パン生地の材料をボウルに入れて、30分ほどしっかり混ぜ合わせる。その後冷蔵庫で30分くらい寝かせる。

②色づけ用のパン生地を分けて、それぞれに食紅や抹茶、ココアなどを加えて、生地の色が均一になるまでよく混ぜる。

③作りたいものの土台を針金で作り、回りにティッシュペーパーを巻きつけて、セロハンテープで留める。

④出来上がりの形をイメージしながら、パン生地を③に巻きつけ、生地の端に水をつけて接着させる。

(作) 十分に伸ばして、必要な量だけ巻きつけると、後ではがれない。

⑤②をハサミで切り、伸ばしたものを④に巻きつけて装飾する。

⑥はけで表面に卵黄を塗り、オーブンで焼く（150℃で20分くらい）。

第1章 作ろう！遊ぼう！

●アイシングでくっつけて
お菓子の街作り

おうち、車、船、お城…。全部みんなの大好きなお菓子でできているよ。ビスケットやチョコレート、ドーナツ…ほかに何があるかな？ いろんな材料を工夫して、お菓子の街を作ろう！

お菓子のおうち

用意するもの
- **【素材】** • アイシング（粉砂糖100ｇ：水15cc）• ウエハースまたはビスケットやクラッカー • トッピング用のお菓子（ボール形チョコレート・こんぺいとう・プチゼリーなど）
- **【用具】** • ボウル • 木べら • 絞り袋 • 輪ゴム • ハサミ • 紙皿

作り方

1.アイシングを作ろう！（117ページ参照）

①ボウルにアイシング用材料を入れて、よく練り混ぜる。

②①を絞り袋に入れ、口を輪ゴムできつく縛る。

2.土台を作ろう！

作 アイシングははみ出すくらいに、できるだけたっぷりとつける。

紙皿の上にウエハースやビスケットを並べて、床や壁をアイシングで接着していく。

3.屋根を作って、飾りをつけよう！

①図のように土台と屋根を組んで、アイシングで接着していく。

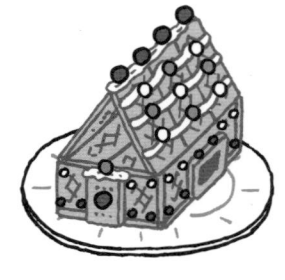

②家の形ができたら、好きなお菓子をはりつけて、お菓子のおうちの出来上がり。

遊 食紅で色をつけたアイシングで、窓や模様をかいても楽しい。

●ちょっとアレンジ●
お菓子の車

製作途中の壁（上）、違う形の土台と屋根（左）

◆お菓子を作ろう！ ごっこと本物◆

●ちょっとアレンジ●

お菓子の海と橋

作 寒天に水色の食紅を入れる。

車つきログハウス

お菓子の船

お菓子のお城

作 ゼリーにべっこうあめを流して固定すれば、ステンドガラスになる。

●べっこうあめの作り方●
①耐熱容器に砂糖80ｇと水大さじ2杯を入れて、電子レンジで5〜7分加熱する。
②割りばしなどでよくかき混ぜ、あめ色になったら型に流し、冷えて固まったら出来上がり。

●保育者のサポートで●

素 サブレを3〜4枚接着し、適当な大きさに切ったブロックをたくさん作っておく。

第1章 作ろう！ 遊ぼう！

④ トントントントン大工さん

●いろんな木片で くっつけ、切り離し

初めての金づち、のこぎり、大工さんみたいでかっこいいね。トンカントンカン、ギーコギコ、何ができるかな?

用意するもの
【素材】・いろんな形や材質の木片 ・くぎ
【用具】・金づち ・のこぎり（刃の長さ265mmくらいのもの）・木工用接着剤

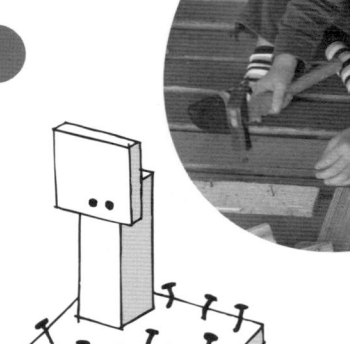

★子どもは、平たい木片があれば二つ重ねにしてくぎを打ちたくなるでしょうし、棒状の木片があれば、のこぎりで切ってみたくなるでしょう。何かの形を作る以前に、まず金づちとのこぎりを存分に使って、偶然にできる造形あそびを楽しみましょう。

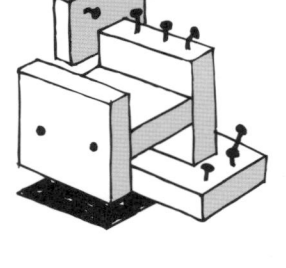

おもしろオブジェ

遊び方のバリエーション

何に見える?

作ったものを何かに見たてて遊ぼう。

「はしごしゃのはしごみたいだね!」

「これはたわーみたいだわ!」

「ふねができた!!」

●ちょっとアレンジ●
作ったもので

ウォールペンダントを作ろう

用意するもの
【素材】・木片で作ったもの ・ヒートン ・ひも
【用具】・紙やすり（120～240番くらい）・顔料系フェルトペン ・絵の具 ・筆

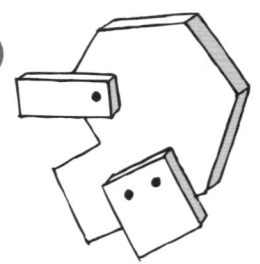

①壁に掛けられそうな、比較的平たい製作物を選ぶ。

②紙やすりで表面をきれいに磨いて、色を塗ったり模様をかく。

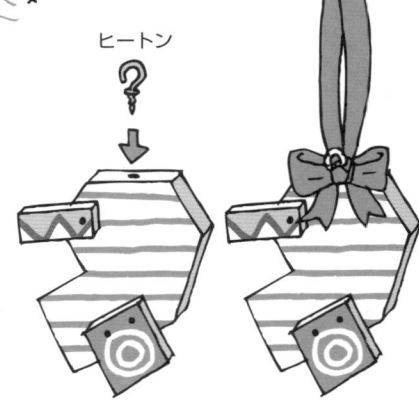

③ぶら下げやすそうな縁にヒートンをねじ込み、ひもを掛ける。

◆トントントントン大工さん◆

●丸太を使って 引っ張るおもちゃ

好きな長さに切った丸太に車をつけると、引っ張るおもちゃになったよ。ひもをつけて引っ張ると、いろんなごっこあそびに広がるね。

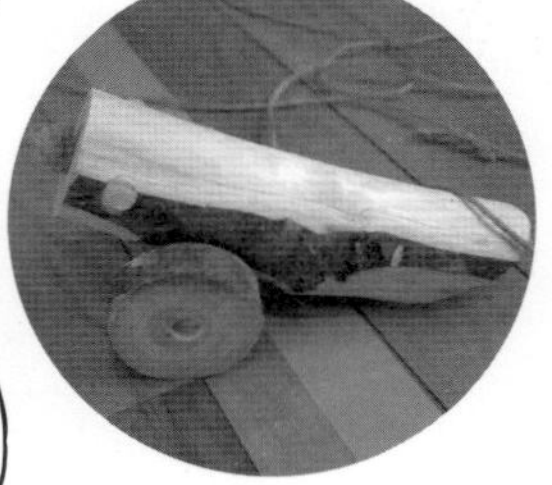

用意するもの
- 【素材】・丸太（直径6〜7cm）・水道パイプ（塩化ビニール、内径13mm）・丸ラミン棒（直径12mm）・一文字金具・ヒートン・くぎ（約30mm）・たこ糸などのひも
- 【用具】・金づち・のこぎり・くぎ抜き・きり・電気ドリル（直径12mmの刃）・万力またはクランプ・木工用接着剤
- ※すべてホームセンターで売っている。

★ヒートンにひもをつけて引っ張り、いろんな所に移動して遊びます。

作り方

① 丸太を長さ15〜20cmに一つ、幅1cmに二つ切り分け、胴体と車輪にする。

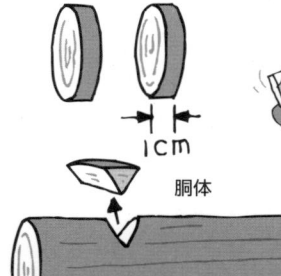

車輪　1cm
胴体　15〜20cm

② 胴体の端から1/3の所に、のこぎりでV字形の切り込み（幅1cm）を入れる。

③ 車輪の真ん中に、電気ドリルで直径12mmの穴を空ける。

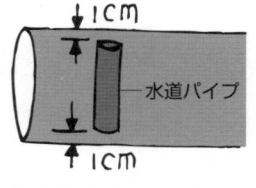

水道パイプ　1cm／1cm

④ 水道パイプを、丸太より1cmくらい短く切る。

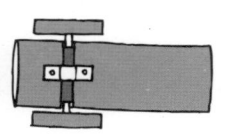

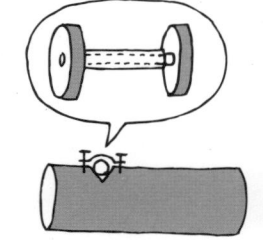

⑤ 図のように、車輪→丸ラミン棒→水道パイプ→車輪の順に通した車軸部分を、胴体の切り込みに、一文字金具とくぎで取りつける。

●保育者のサポートで
- 電気ドリルの作業は必ず保育者が行ない、子どもには絶対に触らせないようにする。
- 穴を空ける木の下に木片などを置いておくと、机や床が傷つかず、穴もきれいに空けられる。
- 軍手などをはめた手で木を押さえると、電気ドリルの刃に巻き込まれる危険があるので、できるだけ万力やクランプで作業台に固定して穴を空けるようにする。
- 一文字金具は、片方をくぎで固定した後、パイプに沿って金づちでたたくとよい。
- ※垂直ドリルがあると、より安全に穴が空けられる。工務店などに頼んでもよい。

●ちょっとアレンジ●

ハリネズミ　車輪を取りつける前に、胴体にくぎをいろんな方向から打ちつけると、ハリネズミができます。

第1章 作ろう！遊ぼう！　37

●丸太や角材を使って
木工手作りおもちゃ

角材や丸太の質感、形状からイメージが膨らんで、いろんなキャラクターが誕生するよ。ホームセンターなどで売っている手軽な丸太や角材を使って、手作りのおもちゃを作ってみよう！

角材で キリン

用意するもの
【素材】
- 角材Ⓐ（9mm×15mm×10cm）5本
- 角材Ⓑ（9mm×15mm×3cm）1本
- 角材Ⓒ（12mm×3cm×10cm）1本
- くぎ（約15mm） ・ひも

【用具】・金づち ・のこぎり ・きり ・木工用接着剤 ・顔料系フェルトペン

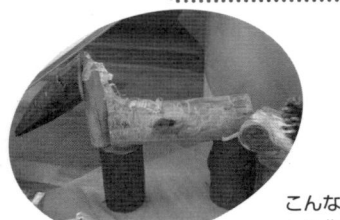

こんなおウマさんも作れます。

★大工さんのように金づちを使いましょう。最初は短く持ってトントントン！　くぎがうまく刺さったら、長めに持ってトントントンとたたきます。

作：保育者が、きりで下穴を空けておく。

短く持って　　長く持って

作り方

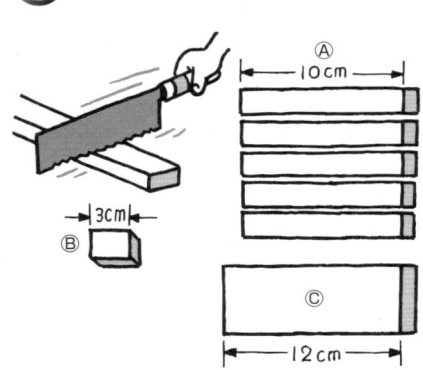

①Ⓐは足と首、Ⓑは顔、Ⓒは胴体用として、角材をそれぞれの長さに切る。

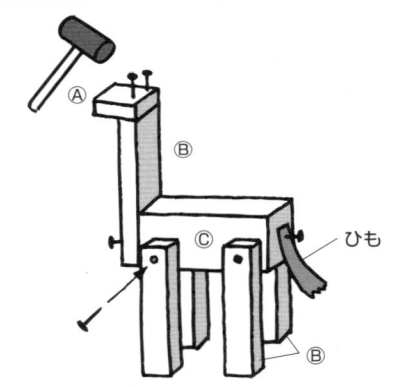

②図のようにキリンの形に組み立てて、くぎを打ちつける。

③形ができたら、顔料系フェルトペンなどで顔や模様をかく。

●ちょっとアレンジ●

角材で **ロボット**

角材で **カメ**　裏

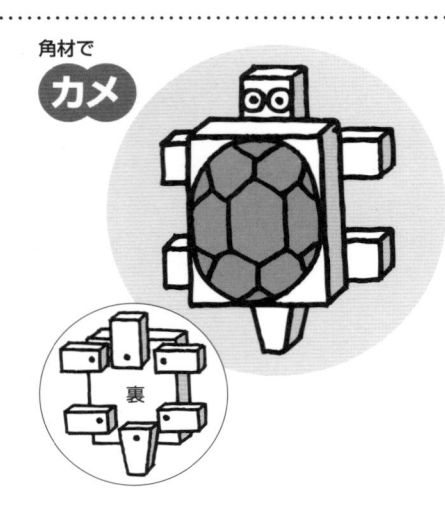

角材で **イヌ**

◆トントントントン大工さん◆

丸太で トーテムポール

用意するもの
- 【素材】・スギ材の丸太（直径5cm×長さ50cm）1本・板材（15mm×6cm×75〜80cm）1枚・くぎ
- 【用具】・金づち・のこぎり・顔料系フェルトペン

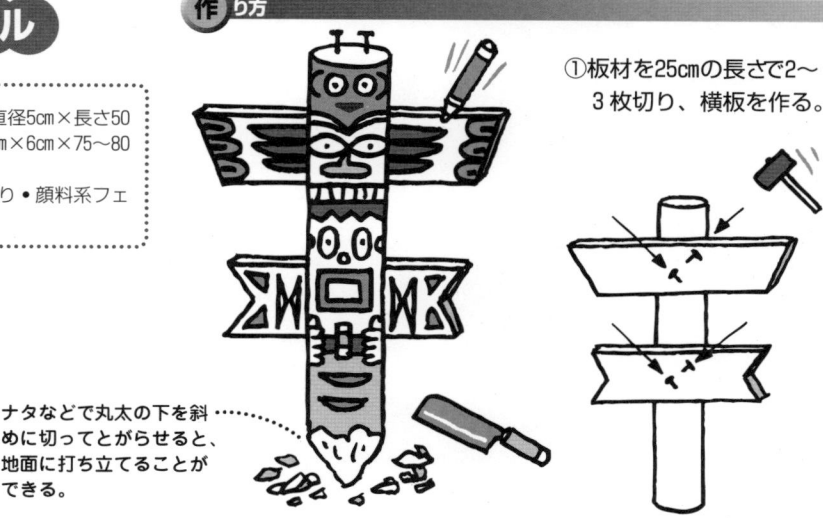

遊 ナタなどで丸太の下を斜めに切ってとがらせると、地面に打ち立てることができる。

作り方

①板材を25cmの長さで2〜3枚切り、横板を作る。

②支柱の丸太に①をくぎで留め、形を作ったら顔料系フェルトペンなどで模様をかく。

作 横板1枚に、くぎは2か所以上。
作 丸太が割れるのを防ぐため、くぎはなるべく角度を変えて打つ。

丸太で ガタガタ自動車

用意するもの
- 【素材】・ラミン材の丸太（直径4cm）1本・板材（15mm×6cm×15cm）1枚・竹ひご（直径3mm）
- 【用具】・のこぎり・きり・木工用接着剤

作り方

①板材を好きな形に切り、車体を作る。

②丸太を1cmの幅で4枚切り、中心にきりで穴を空ける。

③①の下から5mmくらいの所2か所に穴を空け、②と4cmの長さに切った竹ひごを、図のように通す。

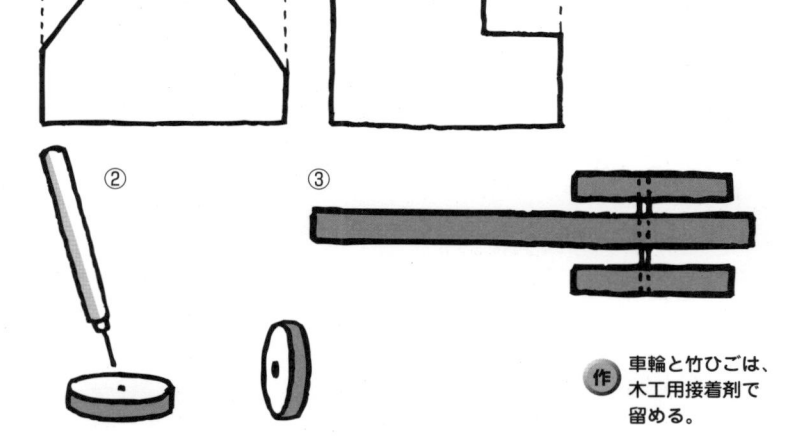

作 車輪と竹ひごは、木工用接着剤で留める。

丸太で ブラブラマリオネット

用意するもの
- 【素材】・ラミン材の丸太（直径4cm×長さ50cm）4本・角材（9mm×9cm×55cmくらい）1本・ヒートン13個・くぎ・たこ糸
- 【用具】・金づち・のこぎり・きり・顔料系フェルトペン

作り方

①丸太を3cmと10cmに切り、顔と胴体にする。

②角材を5cmに4本、2cmに2本切り、足と手にする。

③①と②にヒートンをつけ、たこ糸でつないで体を作り、顔料系フェルトペンで顔や模様をかく。

④角材を十字にして操り棒を作り、図のように結ぶ。

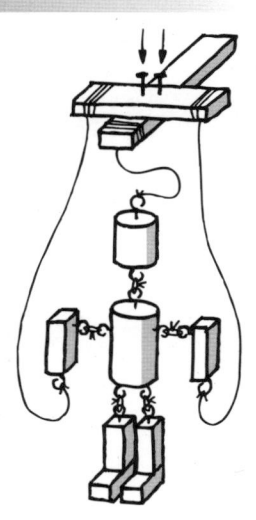

第1章 作ろう！遊ぼう！

●段ボールや紙パックで 街作り

みんなが住みたいのはどんな街？「こんないえやびる、くるまがあったらいいな」と思うとおりに作って、街にしてみよう！

用意するもの
【素材】•牛乳パック •段ボール •画用紙 •ペットボトル •丸い棒 •カラーセロハン •アルミホイル

【用具】•ハサミ •のり •カッターナイフ •大型カッターナイフ •セロハンテープ •クラフトテープ •両面テープ •フェルトペンやパスまたはクレヨン

作 牛乳パックを積み重ねて、高層ビルに！

作 中に電灯や懐中電灯を入れると、カラーセロハンを通した光がきれい（底にアルミホイルを敷くと、より反射する）。

作り方

牛乳パックの家＆ビル

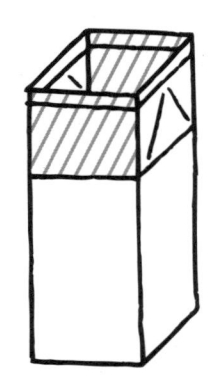

①牛乳パックの上部を開き、対する2面（斜線部分）を切り取る。

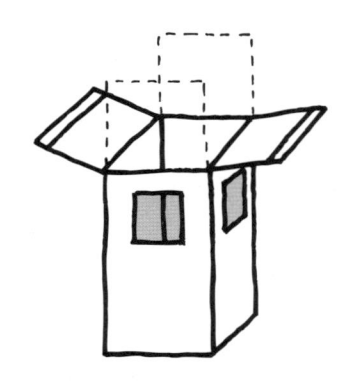

②図のように、側面に窓を切り抜き、内側からカラーセロハンをはる。

③左右に開いた部分を両面テープではり合わせると屋根になり、家ができる。

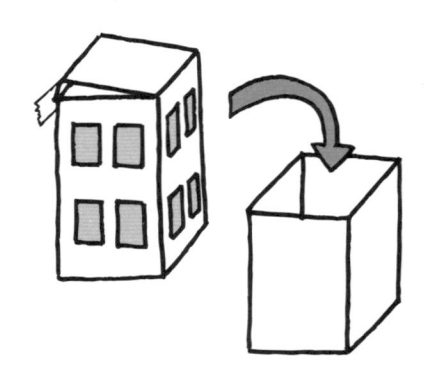

④ビルにするときは、屋根を平らにしてセロハンテープで留める。2段に重ねて高くしてもよい。

◆トントントントン大工さん◆

段ボール箱についている留め金具は、必ず外しておく。

段ボールの自動車

クラフトテープ

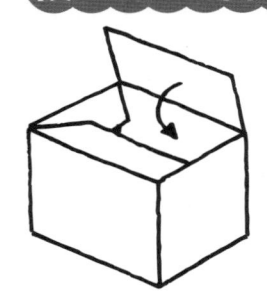

①段ボール箱の底を切り取り、上ぶたをすべて内側に折り、車体を作る。

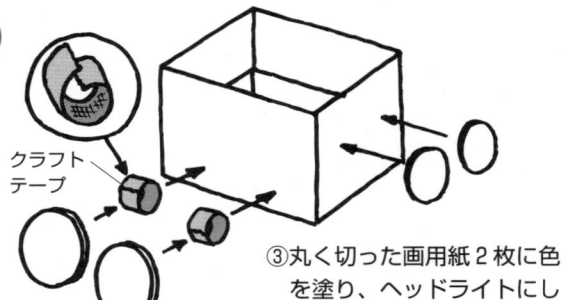

②直径15cmくらいに丸く切った段ボール4枚を、輪にしたクラフトテープで①にはり、タイヤにする。

③丸く切った画用紙2枚に色を塗り、ヘッドライトにしてのりではる。

作 クラフトテープで車体を連結して、ふたり乗りに！

段ボールの信号機

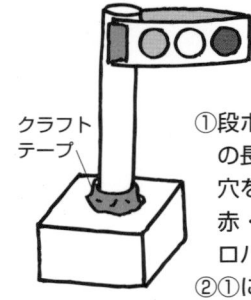

クラフトテープ

①段ボールを同じ大きさの長方形に2枚切り、穴を三つ空け、裏側に赤・黄・青のカラーセロハンをはる。

②①に丸い棒（またはペットボトルを継ぎ足した柱）を挟んで、クラフトテープで留める。

③台になる段ボール箱に穴を空け、②を差し込んで、クラフトテープで固定すると出来上がり。

第❶章 作ろう！遊ぼう！

●たくさんの段ボールで
迷路を作ろう

みんなの大好きな迷路を作って遊ぼう。行き止まりか？　分かれ道か？　わからないのが迷路の魅力。さあ、ゴールを目ざして迷路をたどっていこう！

用意するもの
【素材】●段ボール（できるだけたくさん）
　　　　●大きめの模造紙
【用具】●大型カッターナイフ●クラフトテープ●フェルトペン（太め）やパスまたはクレヨン
※段ボールは、スーパーや量販店で分けてもらえる。

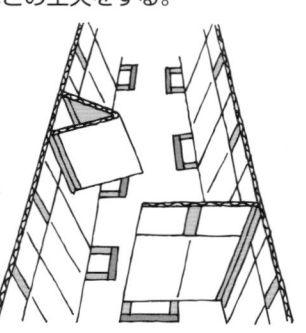

設計図をかこう

- 紙に大まかな設計図をかく。子どもたちの意見を取り入れながら、製作意欲を高めるためにも、できるだけ大きな紙にかいてはり出す。
- 迷路が完成するまではっておき、新しく道を追加するなど、予定を変更するときは相談しながらかき加えて、みんなで確認できるようにしておく。
- できた所までパスなどで色を塗っていくとわかりやすく、期待感も高まる。

壁を増やそう

- 迷路ができたら、先が見通せる道になっていないか確かめる。先が見通せるようなら、壁を増やすなどの工夫をする。

作
通路の幅は、子どもがすれ違うことができるよう、70cmくらいが適当。

◆トントントントン大工さん◆

床を作ろう

- 段ボール箱を開いて（金具は取る）、床の上に順に置き、継ぎ目にクラフトテープをはる。

作 段ボールの端に引っ掛かったり、すき間に指を入れたりしないように、クラフトテープでふさいでおく。

壁を作ろう

- 高さ50cmくらいの段ボール箱を開いて、1枚の板状にする。
- ふたの部分はクラフトテープで留め、図のように置いて立てて、壁を作る。

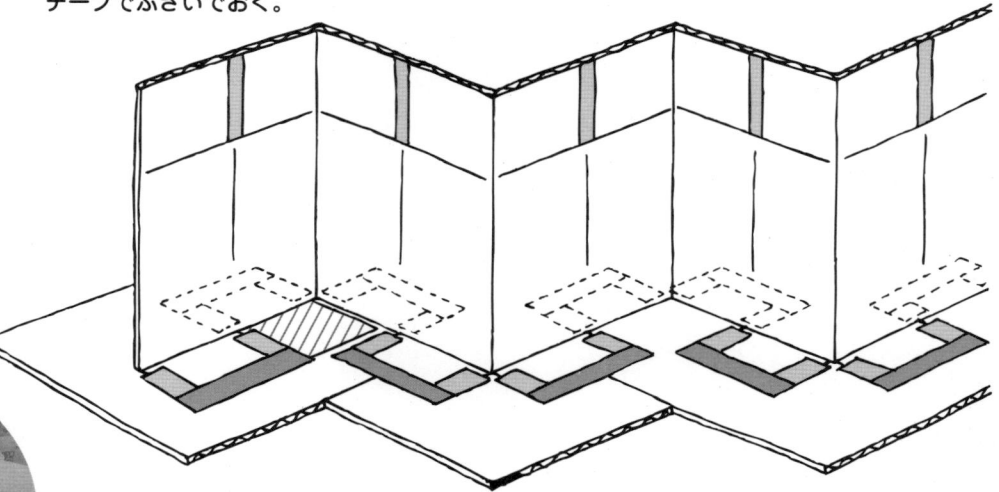

楽しい工夫

- くぐり抜けドア
- くぐり抜けトンネル

遊 分かれ道の代わりにしても楽しい。

分かれ道を作ろう

- 一つの道から二つの道へ、その道からまたたくさんの道へと、道から道を増やしていく。先が見通せないのが迷路のおもしろさ。

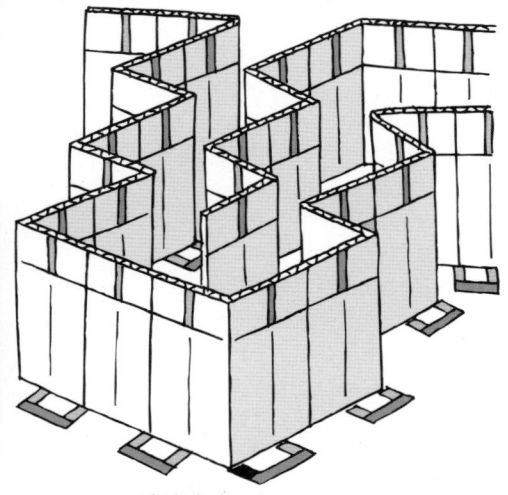

作 少しジグザグにすると、壁の強度が高まる。

作ろう！ 遊ぼう！ 43

⑤ ドロドロドロロン 土と遊ぼう

● 砂場で世界を広げよう
砂山タウン

外に出て砂や水、泥の感触を思いきり楽しもう！それぞれの作業をしているうちに、どんどん新しいアイデアが広がっていくよ。

用意するもの
【素材】●水 ●木の板 ●木片（建物や木に見たてる）●おもちゃの車や船 ●ペットボトル ●とい ●割りばし ●画用紙
【用具】●バケツ ●スコップ

作 トンネルは、小さい穴から少しずつ大きくしていくのがコツ。

作 トンネルが崩れやすいときは、砂に水を足したり、粘土質の土を混ぜてみる。

遊び方
① 砂に水をたっぷりとかけ、表面をしっかりたたいて固めながら、じょうぶで崩れない砂山を作る。
② 砂の両側からスコップでトンネルを掘り進めながら、完成させる。
③ トンネルが完成したら、そこからさらに溝を掘る（川や道になる）。
④ 川に水を流したり、トンネルをくぐらせて、向こう側まで車や船を走らせて遊ぶ。

遊び方のバリエーション
おむすびコロリンゲーム

● 砂山を作り、頂上から溝を掘って道を作ります。途中で何本かの分かれ道を作って、それぞれの道の先に穴を掘ります。
● 泥を丸めたおむすびボールを上から転がして穴に入れます。穴によって得点を決めておいて、入った数で競い合って遊びましょう。

◆ドロドロドロロン土と遊ぼう◆

★それぞれの小さなエリアをつなげていき、広い砂山タウンを作りましょう。

作 土に砂をかぶせてもおもしろい。

遊 木片や割りばしを立てて建物を建てたり、木を植える。

●ちょっとアレンジ●
オブジェコンテスト
アートゾーン

用意するもの
【素材】●水●砂
【用具】●スコップ●やかん
　　　●じょうろ
　　　●バケツ

遊び方

①砂に水をかけながら砂山を作る(なるべく大きく作っておく)。

②やかんやじょうろなどを使って水をかけ、気に入った形になるように崩していき、アートオブジェを作る。

遊 崩すことがメインのあそび。

遊 偶然できた形が、リアルタイムで楽しめる。

第1章 作ろう！ 遊ぼう！

● 泥&水で何作ろう
食べ物バザール

泥や水はお友達！ 泥んこあそびをたっぷりして、体全体で自然と仲よしになろう。

喫茶店・コーヒー屋さん（色水あそび）

◆色水あそびは、子どもが大好きなあそびです。

- 透明のコップに水を入れ、取ってきたいろんな色の土を入れる。

- 土の種類や入れる量で濃さが調節でき、ジュースやコーヒーになる。

お好み焼き屋さん

◆土を加えて、少しトロトロにするとできます。

- 泥の柔らかさかげんが、お好み焼きやホットケーキ、クレープに適している。

- フライパンに見たてた板の上に載せて、手でペタペタと伸ばす。

- 葉っぱや木の実を取ってきて、具やトッピングにすると、リアル感が増す。

▶ 遊び方のバリエーション

この体験から、花や葉っぱを使った色水あそびに発展しても楽しいでしょう。

◆ドロドロドロロン土と遊ぼう◆

ドーナツ屋さん

◆もう少し土を加えて、固めの泥でできます。
- 手で形が保てるくらいの固さが、ちょうどドーナツに適している。

ケーキ＆クッキー屋さん

◆土を粘土のような固さにすればできます。

用意するもの
【素材】・レモンせっけん（1／2に対し、水40cc）
【用具】・プリンなどの空き容器・下ろし金・ボウル・泡立て器・ポリ袋・絞り金口

- 粘土の固さになれば、型抜きができる。
- 口の広いプリンなどの空き容器に、土をギュッと詰め込んでひっくり返すと、きれいに形ができる。
- レモン石けんを下ろし金で削り、水を加えて泡立て器で泡立てると、生クリームのようになる。しぼり金口で絞ることで、本物のケーキのようにデコレーションできる。
- 身近な草花をデコレーションすると、さらにおいしそうなケーキになる。

おすし屋さん

◆土を粘土のような固さにすればできます。
- 両手でギュッギュッと固めると、すし飯のように形が整う。
- 身近で見つけた違う色の土や葉っぱを載せたり、葉っぱでくるむと、おすしの出来上がり。

アースケーキの出来上がり!!

おだんご屋さん

◆泥んこあそびのしあげです。
- 最初、粗い土にたっぷりの水を加え、おだんごのしんを作る。
- しんに細かい乾いたさら砂を何度もかけてはこすり、表面を滑らかにする。
- しあげに粉のような細かい白砂（粘土の粒子）を振りかければ、ツルツル泥だんごの出来上がり。

第1章 作ろう！遊ぼう！

●ペタンとマークが押せる 模様はんこ

世界に一つのオリジナルはんこを作ろう！
自分のマークや、約束の印に使ってもいいね。

用意するもの
【素材】・土粘土・ひも
【用具】・粘土べら・丸ばし（丸い型を押せるものならなんでもよい）・ストロー・絵の具や朱肉・ホットプレート・アルミホイル・さいばし

★朱肉をつけてしっかり押して、マークをつけましょう。

作り方

1. 土粘土ではんこの型を作る

①親指よりも少し大きめの土粘土を丸め、好きな形のはんこを作る（1辺が2cm以上、高さは3cm程度）。

②はんこの底は平らにし、上の部分にひもを通す穴を、ストローで空ける。

3. ホットプレートではんこを乾燥させる

①ホットプレートの電源を入れ、温度を100℃以下にする。

②アルミホイルを敷いた上にはんこを置いて、さいばしでコロコロ転がしながら、少しずつ均等に乾燥させていく。

③白くなってきたら、200℃くらいの高温にして、30分ほど焼いたら出来上がり。

2. はんこの模様を作る

はんこの底に、丸ばしなどを使って模様を入れる（模様は、押さえてつけるようにすると、うまく型がつく）。

遊び方のバリエーション

はんこでお絵かき

★絵の具を塗って、はんこの模様をパターンのように押してもきれいでしょう。

◆ドロドロドロロン土と遊ぼう◆

●立体のおもしろさにチャレンジ
どんな形作ろうかな？

細長、まん丸、ぺったんこ、どっしり…土粘土はどんな形にもなるし、作ったりつぶしたりも自由自在だよ。触った感触はどんなだろう？！

作り方

ニンジン星人作ろう

用意するもの
- 【素材】・土粘土（ひとり500gくらい）
- 【用具】・粘土べら・丸ばし・フォーク・ペットボトルのふたなど

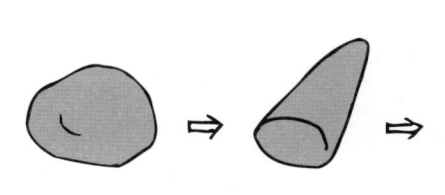

① 土粘土を丸めて、「粘土の卵」を作る。

② 丸い卵を転がしてニンジンの形にする。

③ 目と口をつけると、宇宙人が誕生。

④ 手などをひねり出していくと、ニンジン星人の出来上がり。

●ちょっとアレンジ●

どこまで伸びるかな？

- 作ったニンジン星人がどこまで伸びるか、ゲームをしてみましょう。「よーい、どん」でどんどん伸ばしていき、「ストップ」で手を止めます。
- 倒れないで、いちばん背の高いニンジン星人を作った人が勝ちです。

粘土のモニュメント

- 円筒形に伸ばした土粘土を三つぐらいにちぎって組み合わせ、粘土のモニュメントを作ってみましょう。
- ペットボトルのふたやフォーク、丸ばしなどを使って、いろんな模様をつけましょう。

遊び方のバリエーション

★ 友達のモニュメントと並べて、街作りに発展させても楽しいです。

第1章　作ろう！遊ぼう！

●土の音色、どんな音？
ベル人形

形作った粘土から、カランカランと温かい土の音色が響くよ。

用意するもの
【素材】・土粘土（ひとり500gくらい）
・たこ糸
【用具】・ピアノ線・新聞紙・ストロー・つまようじ

作 ベルの鳴るしくみ

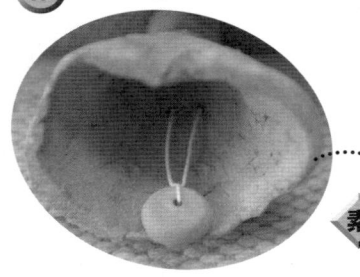

素 粘土の厚さは5〜7mmが最適。

★土粘土で作った人形ですが、なんと音が鳴る「ベル」でもあるのです。温かい土の音は、大人の心もいやしてくれます。

作り方

①ニンジン星人を作った要領（49ページ参照）で粘土の塊からベル人形の形をひねり出し、つまようじで顔や模様をつける。

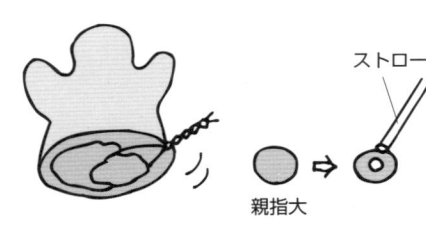

②輪にしたピアノ線で、中の粘土をかき出す。かき出した粘土は、ベルを鳴らす玉にする。（親指大）

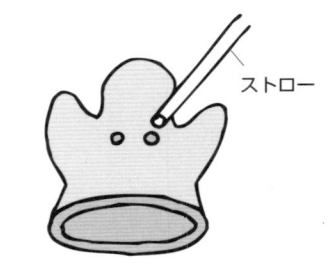

③人形の背中にストローで、ひもを通す穴を二つ空ける。

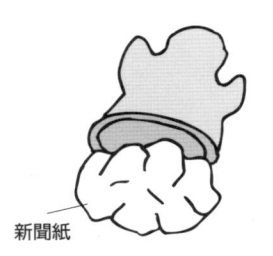

④人形に丸めた新聞紙を詰めて（形崩れを防ぐ）4〜5日乾燥させた後、800℃くらいで素焼きにする（専門の業者に依頼）。

⑤たこ糸を玉と人形の穴に通して結ぶと、出来上がり。

遊び方のバリエーション
音色を変えよう

★人形の大小やひもの長さで音色が変わります。いろいろ試して遊びましょう。

◆ドロドロドロロン土と遊ぼう◆

●ポーッと鳴る 土だんご笛

表情のついたユーモラスな土だんごは、オカリナの原形だよ。吹くとポーッと音が鳴ってかわいいね。

用意するもの
- 【素材】・土粘土（ひとり100gくらい）
  ・ピアノ線・たこ糸（20㎝）1本
- 【用具】・ストロー（6㎜）1本・割りばし
  ・カッターナイフ

遊 音の鳴るしくみ。

★吹き口の穴から息を吹きかけると、ポーッと音が鳴ります。

作り方

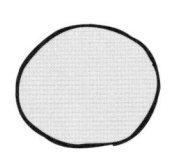

① 土粘土をよくこねて気泡をなくし、おだんごの形にする（直径5㎝くらい）。

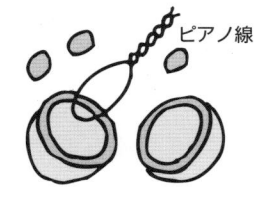

② たこ糸でおだんごを二つに割った後、中の粘土を、輪にしたピアノ線でかぎ出す。

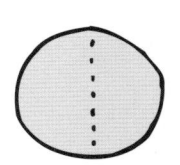

③ かき出した後、切り口にどべ（どろどろした粘土）をつけて、元通りの形にくっつける。

④ 土だんごの一部分を下にトントンと打ちつけて、少し平らにする。

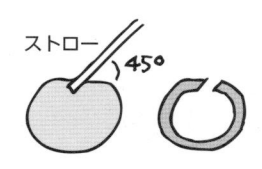

⑤ 平らになった部分に、ストローで1㎝くらいの穴を空ける。

● 保育者のサポートで

⑥ 割りばしをカッターナイフで図のように削り（厚みは1㎜くらい）、へらを作る。

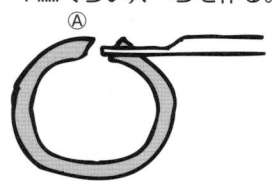

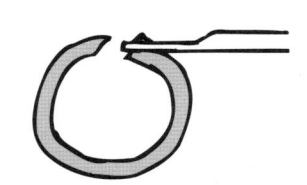

⑦ 図のように、土だんごにへらを通す。

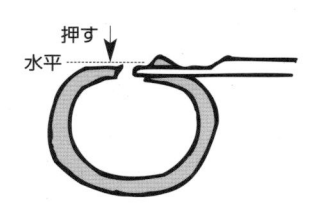

⑧ へらと反対側のⒶのか所を指でゆっくり押しながら、図のようにへらと水平になるようにする。

● ちょっとアレンジ ●

変化をつけて

ピアノ線を埋め込むと、つるすことができる。

ストローで穴を空けると、音が変わる。

鉛筆の底やスプーンで型押しをして、模様をつける。

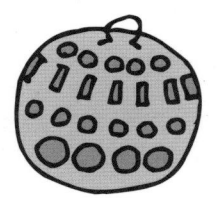

第1章 作ろう！遊ぼう！

●昔のおもちゃ 土鈴

昔の子どもたちが遊んだり、身につけていた土鈴だよ。デザインをうんとモダンにして、比べてみてもおもしろいね。

★振るとカラカラ音がします。

用意するもの
【素材】• 土粘土（100〜200ｇ）• ひもまたはリボン • 新聞紙
【用具】• 鉛筆 • 針金

作 ひもの結び方。

作 切れ目は底か背面にする。

作り方

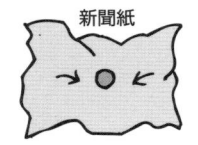

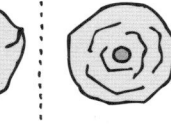

新聞紙 / きれいな球になるように / 断面図

① 土粘土で１cmくらいの玉を作り、新聞紙に包んでこぶし大の大きさにする。

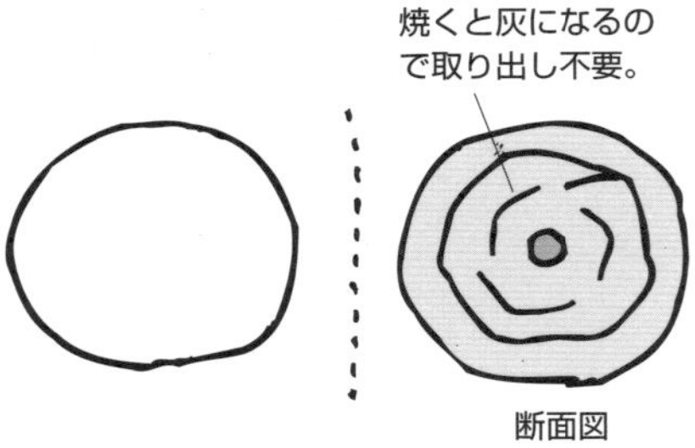

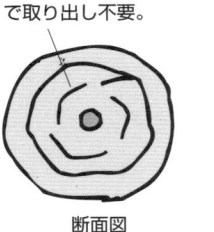

② ①によく練った土粘土をかぶせて、球体を作る。

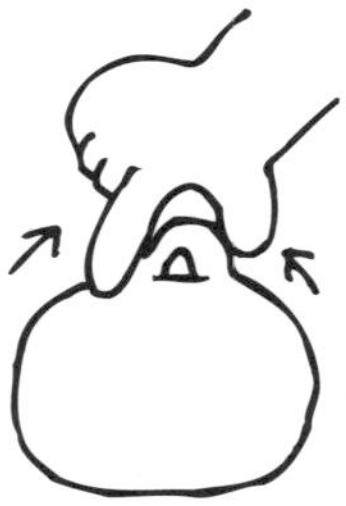

焼くと灰になるので取り出し不要。
断面図

③ 球体のもっとも厚みのありそうな部分を図のようにひねり出し、ひもを通す穴を作る。

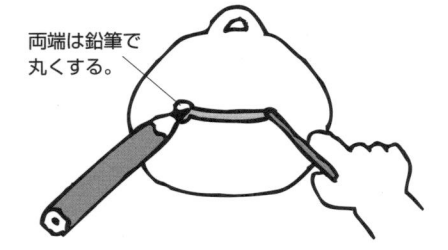

両端は鉛筆で丸くする。

④ 針金を使って、球体の底か背面に幅３〜５mm、長さ５cmくらいの切れ目を入れる。

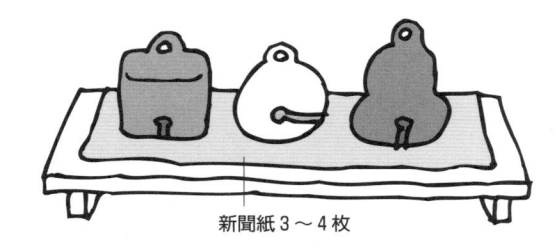

新聞紙３〜４枚

⑤ 形を整えたり飾りをつけて、風通しの良い日陰で、１〜２週間乾燥させる。

⑥ 800℃くらいで素焼き（専門の業者に依頼）した後、ひもやリボンを通してしあげる。

●粘土のひもでできる 植木鉢

柔らかい粘土を手のひらや机の上でコロコロ伸ばすと、簡単に粘土のひもが作れるよ。粘土のひんやりした感触を味わいながら作ってね。

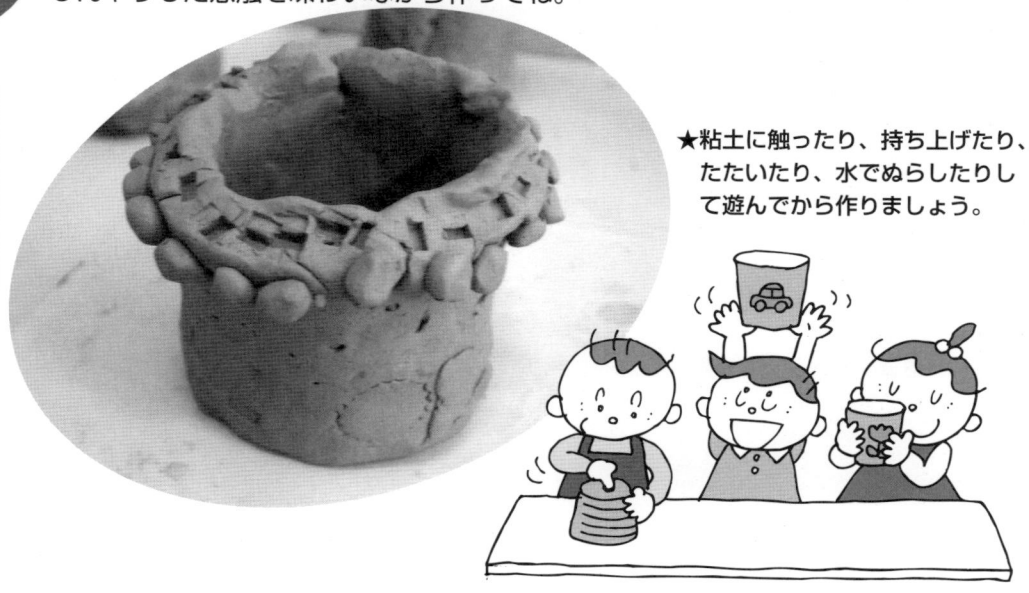

用意するもの
- 【素材】・土粘土（ひとり500gくらい）・大きめの発泡スチロール製コップ1個・ラップ・輪ゴム・新聞紙
- 【用具】・型押しの道具（スプーン・フォーク・ペットボトルのふた・鉛筆など）・ぬれぞうきん

作 表面をツルツルにしておくと、模様などのデザインがしやすい。

★粘土に触ったり、持ち上げたり、たたいたり、水でぬらしたりして遊んでから作りましょう。

作り方

①粘土を机の上に立たせ、『どこまで伸びるかゲーム』(49ページ)の要領で、どんどん上に伸ばしていく。

②伸びた粘土を机の上に寝かせて、手のひらでコロコロ転がしながらひもを作る。

作 表面がひび割れてきたら、水でぬらして直す。

③用意したコップにラップをかぶせて、たわまないようにピンと伸ばして、下を輪ゴムで留める。

④図のように③のコップに添わせて粘土のひもを巻いていき、下まで巻かずに2cmほど残す。

作 重ねた粘土同士が、きっちり密着するようにする。

⑤コップを抜き取り、次にラップを抜き取る。

⑥植木鉢の形ができたら底に穴を空け、段差をつけるための出っ張りを作る(水抜き用)。

⑦型押しの道具で、表面に模様をつける。

作 内側から手を添える。

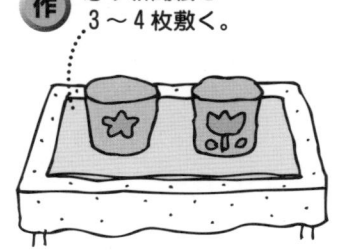

⑧日陰で1週間ほど乾燥させた後、800℃くらいで素焼きする（専門の業者に依頼）。

作 必ず新聞紙を3〜4枚敷く。

⑥ エコロジカルワークを楽しもう！

●噴水がうれしい！
シャワーブロック

ぬれても気にせずに遊ぶ子どもたち。水あそびの季節、おもしろ噴水やシャワーで、おもいきり遊ぼう！

用意するもの
- 【素材】•水道ホース（内径1.5cm）•水道パイプ（塩化ビニール）•Ｙ字接手•ホース固定バンド
- 【用具】•ハサミ•糸ノコ•電気ドリル（直径1.5mmの刃）
※すべてホームセンターなどで売ってる。

作
- きれいな噴水にするには、同じ方向から穴を空けるのがコツ。
- 電気ドリルで穴を空ける際、ホースやパイプを貫通してしまわないよう注意。
- 電気ドリルは子どもに触らせない。使用後はすぐに片づける。

作り方

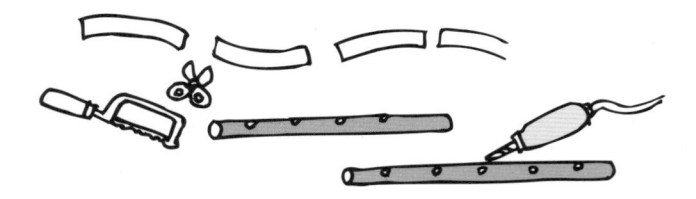

① 水道ホースと水道パイプを必要な分だけ適当な長さに切り、電気ドリルで穴を空ける（4cm間隔が最適）。

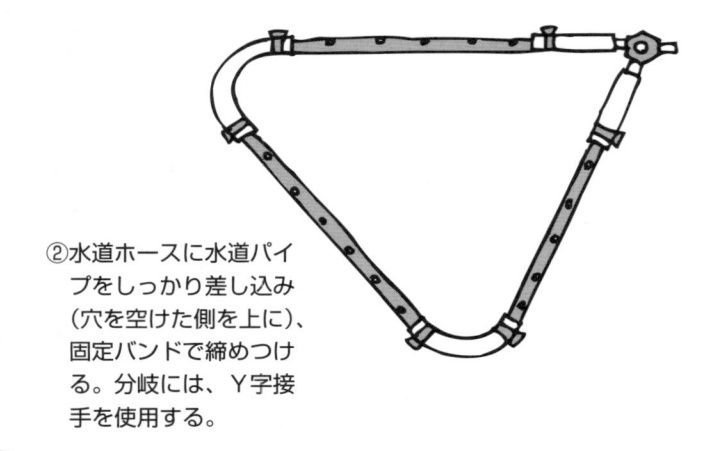

② 水道ホースに水道パイプをしっかり差し込み（穴を空けた側を上に）、固定バンドで締めつける。分岐には、Ｙ字接手を使用する。

遊び方のバリエーション
サーキットゴー

- 頭にかぶってシャワー。
- 手に巻いてシャワービーム。

★水道ホースと水道パイプ、Ｙ字接手をうまく組み合わせて、いろんな形や複雑なコースを作って遊びましょう。

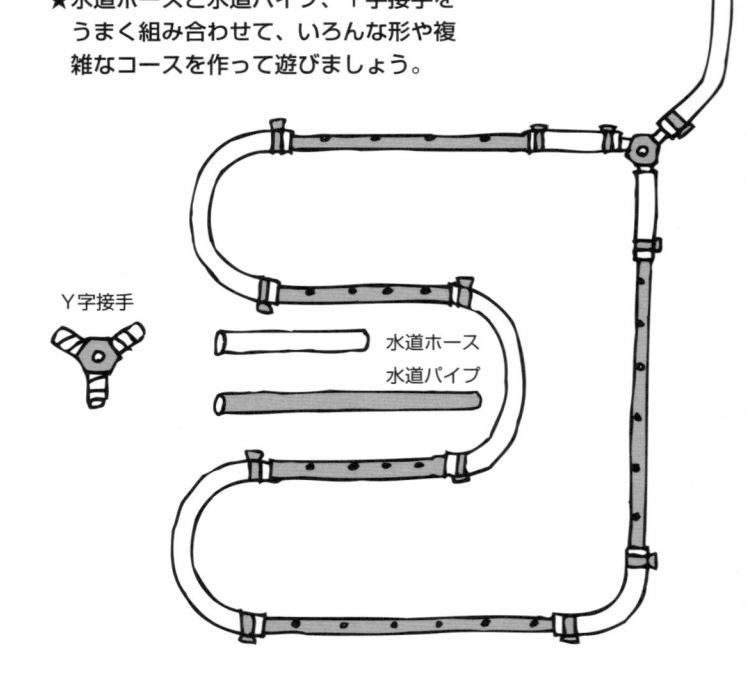

Ｙ字接手
水道ホース
水道パイプ

◆エコロジカルワークを楽しもう！◆

●ムラサキキャベツの マジカルジュース

身近な野菜から色水が作れるというだけでも不思議だよね。その色が一瞬で変わるから、さらにびっくり！

> さあ魔法をかけるよ。どんな色に変わるかな？

用意するもの
【素材】•ムラサキキャベツ•食酢•重曹（薬局やスーパーなどで売っている）•水
【用具】•包丁•まないた•ボウル•すりこ木•透明のコップ3個

★ムラサキキャベツで作ったブドウジュースを三つのコップに入れ、机の上に並べます。左のコップに食酢を少し入れると赤色（イチゴジュース）に変わり、右のコップに重曹水を入れると青色（ソーダ水）に変わります。

作り方

①ムラサキキャベツを細かく切ってボウルに入れ、すりこ木で細かくすりつぶし、少量の水を加えて色水を作る。

②重曹は、水100ccに対して5gを溶かして準備しておく。

遊び方のバリエーション
色イロマジカル

★ムラサキキャベツ以外にも、色水が作れて変色する野菜や植物があります。いろいろ試して遊んでみましょう。

※こんな色に変わります。

	食酢	石灰水
ナスビの皮（紫）	赤	青
パンジー（赤）	赤	緑
パンジー（紫）	ピンク	緑

石灰水…乾燥剤大さじ1杯に対して水200cc程度を瓶に入れ、よく振った後の上澄み液。

第1章 作ろう！遊ぼう！

●だれの顔かな？
フェイスボード

ボードが顔になった！ 葉っぱや木の板、木の実などを集めて、ダイナミックに顔を作ろう！

用意するもの
- 【素材】•ベニヤ板(厚さ2mmくらい) •木の実(ドングリ・マツボックリ・クリ・クルミ・ナンテンの実など) •葉っぱ(ヤツデ・ゲッケイジュ・クロモジ・クヌギ・ホオズキ・スギの葉など) •木片 •麻ひも
- 【用具】•のこぎり •きり •木工用接着剤 •ぬれタオル

作り方

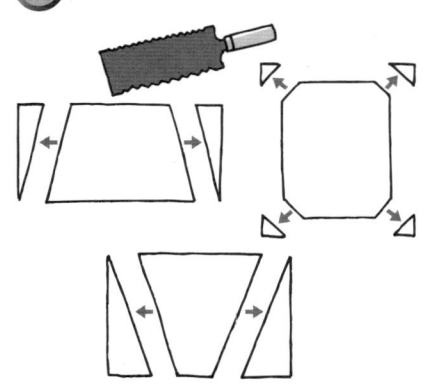

①ベニヤ板を適当な顔の形に切る。

作 手についた接着剤をふくための、ぬれタオルを用意しておく。

②集めたモチーフを、目、鼻、口、髪の毛などに見たてて、木工用接着剤で①にはりつけていく。

③接着剤が乾いたら、板にきりで穴を空けて、麻ひもを通して飾る。

◆エコロジカルワークを楽しもう！◆

●石が変身！ストーンペインティング

さまざまな形の石を見ていると、何かに見えてきそうだね。魚かな？　花かな？　自由にイメージして、石を変身させよう！

用意するもの
【素材】・河原などで拾った自然の石
【用具】・ポスターカラーまたはアクリル系絵の具・筆・たわし

素 すべすべした表面の石が、色を塗りやすい。

★石の形や模様の特徴を手がかりに、イメージを膨らませましょう。何に似ているかひらめいたら、色を塗って変身させます。

遊 何かに似ている石を見つけてもよいが、おもしろい形の石を選んで、後から何に見えるかを考えてもよい。保育者のアドバイスも必要。

作り方

①山や河原で石を見つける。
※あれこれ採るのではなく、もっとも気に入った石を選ぶ。

②気に入った石を選んだら、たわしなどできれいに洗い、日なたで乾かす。

③石が乾いたら、絵をかいたり色を塗る。

遊び方のバリエーション

○○文鎮　★「おにぎり文鎮」などと、作ったものに名前をつけると楽しいです。

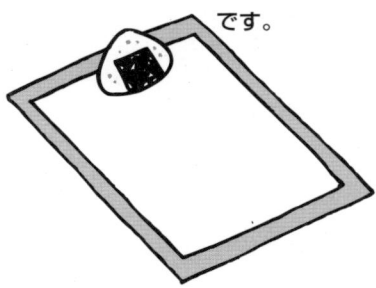

これな～んだ？

★石を裏返しに置き、何に変身したかを当てるあそびです。

第1章　作ろう！遊ぼう！

●浮かべてみよう ササ舟

昔懐かしい自然のおもちゃ。葉っぱだけで作れるんだよ。シンプルだね。

用意するもの
- 【素材】・ササの葉っぱ
- 【用具】・ハサミ

素 ササの葉で手を切らないよう注意！

★水に浮かべて遊びます。そっと吹いてみましょう。水の上を滑るように進みます。吹く強さをかげんしながら、ササ舟レースをして遊んでも楽しいですね。

作り方

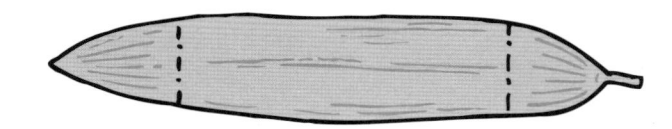

①ササの葉を図のように谷折りにする。

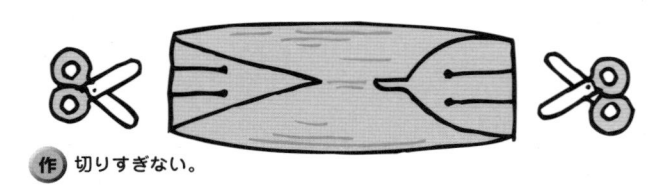

作 切りすぎない。

②線の部分を切り、三つに分ける。

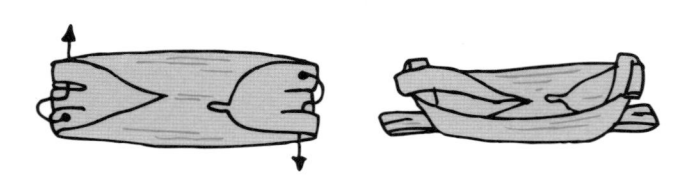

③三つに分けた部分の外側を図のように組み合わせると、ササ舟の出来上がり。

●ちょっとアレンジ●

帆掛け舟

用意するもの
- 【素材】・ササの葉っぱ・マツ葉
- 【用具】・ハサミ

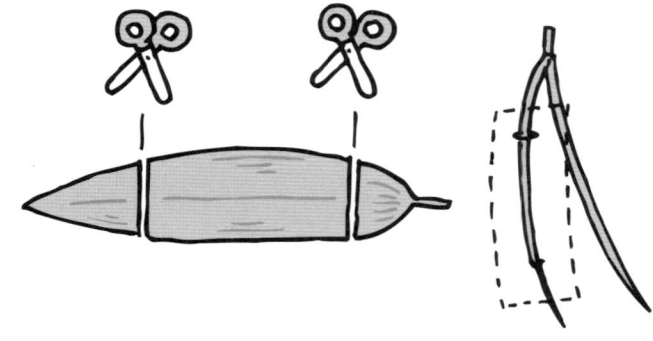

①図のようにササの葉の真ん中部分を切り取り、マツ葉を差し込んで帆を作る。

①ササ舟の底の部分にマツ葉を差し込むと、帆掛け舟の出来上がり。

◆エコロジカルワークを楽しもう！◆

●雑草で遊ぼう！
ネコジャラシ

モコモコした毛のような部分を、流れに沿ったり逆らったりしてなでてみよう！

用意するもの
【素材】●ネコジャラシ（エコノログサ）

遊び方のバリエーション

1本で
モゾモゾ虫

① ネコジャラシの茎の部分を残さずにちぎる。

② 穂の先を下にして優しくつかみ、手を動かすと、モゾモゾと虫のように上に上がっていく。逆にしてつかむと、下に下がっていく。

5本で
ユラユラムクイヌ

用意するもの
【素材】●ネコジャラシ（エコノログサ）5本

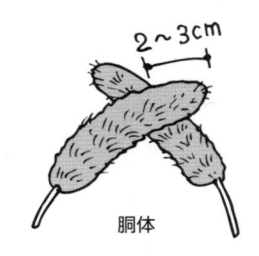

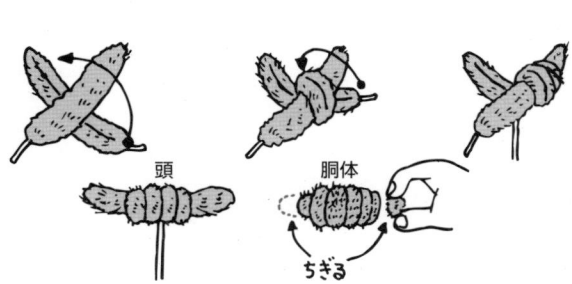

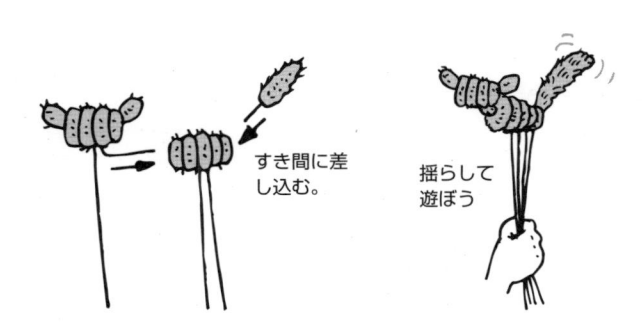

① ネコジャラシを頭と胴体でそれぞれ2本ずつ使い、図のように交差させる。

② 頭と胴体それぞれを、図のように同じ要領で巻き、茎を中央へ戻して強く引っ張り固定する。

③ 頭と胴体を組み合わせ、しっぽ用の残り1本を差し込むと出来上がり。

第1章　作ろう！遊ぼう！

●草花で作る アクセサリー

野原や道端で見つけた花を使って、飾りができるよ。つなぎ方もいろいろ覚えて、すてきなアクセサリーを作ろう！

用意するもの
【素材】・シロツメクサ・レンゲソウ
・タンポポ

★作るものやそのサイズをよく考えて、草花を集めておきます。色の配色を工夫して、オリジナルのアクセサリーを作りましょう。

作り方

組み込み型で

シロツメクサのティアラ

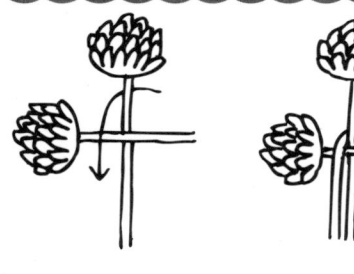

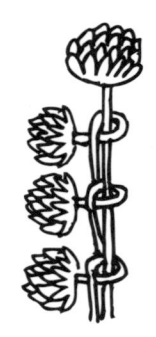

①図のように1本のシロツメクサを軸にして、別のシロツメクサを重ねて絡ませ、次々と増やしていく。軸が短くなったらそのつど継ぎ足し、必要な長さになるまで絡ませていく。

②必要な長さになったら、先頭のシロツメクサを終わりの茎に重ね、別のシロツメクサで絡ませていく。

③じょうぶにできたら、飛び出した茎を前の茎の組目に差し込んで、出来上がり。

通し型で

レンゲのネックレス

作 ちぎってしまわないように。

①図のように、レンゲソウの茎の端につめで穴を空ける。

最初の花
最後の茎
作 しっかり固結び。

②空けた穴に別のレンゲソウを差し込み、必要な長さになるまで繰り返しつないでいく。

③必要な長さになったら、最後の茎を先頭の花に絡めて、固結びをして出来上がり。

●ちょっとアレンジ●

★1種類の花だけでなく、いろんな花を編み込むと、カラフルになってきれいです。

◆エコロジカルワークを楽しもう！◆

●鳴らそう！草笛

身近な場所で見つけた草でも、工夫するとたちまち楽器に！ 草笛って、どんな音色だろう？

用意するもの
【素材】・カラスノエンドウ・タンポポ・ツバキの葉っぱ・その他の葉っぱ

★それぞれの笛の吹き方をマスターして、みんなで合奏しても楽しいでしょう。

作り方

カラスノエンドウ笛

①ヘタを切り取る。
②中を開いて、豆を取る。 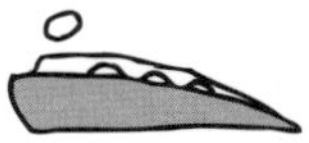
③葉っぱのとがった方を口にくわえて吹く。  
こちらをくわえる。

ツバキの葉笛

①葉先を少し切る。
②切った方から、葉表が外になるように巻く。 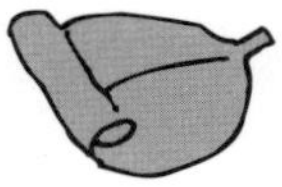
つぶす  
③筒になった一方を、指でつぶす。
④つぶした方を口にくわえて吹く。 

タンポポ笛

①茎を切り取り、一方の切り口をつぶす。  
②つぶした方を口にくわえて吹く。
ピ〜

木の葉2枚笛

素 柔らかい葉っぱを使う。

①大きい葉の上に、やや小さい葉を十字に重ねて二つ折りにする。
②折った所を、図のように2か所でちぎり取る。 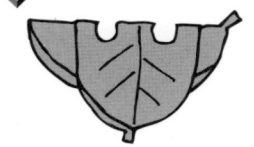
③空けた穴の所を口にくわえて吹く。  

第1章 作ろう！ 遊ぼう！

●花や野菜で 染めあそび

身近な花や野菜から色水ができるよ。どんな色水になって、染めたらどんなふうに染まるか、みんなで試して遊んでみよう！

アサガオで染め絵に使おう！

用意するもの
- 【素材】・アサガオの花・和紙・画用紙
- 【用具】・ポリ袋・ざる・バットまたは食材の発泡トレイ・ペットボトル・新聞紙・ハサミ・のり・絵の具・筆

作り方

①アサガオの花を、ポリ袋に入れてよくもむ。

②もんだらそのポリ袋に少量の水を入れ、さらにもむ。

③できた色水をざるでこし、ペットボトルに入れておく。

④色水の濃度を水でかげんしながら、バットに入れる。

⑤正方形の和紙を二～三つ折りにして、④のバットに浸して染める。

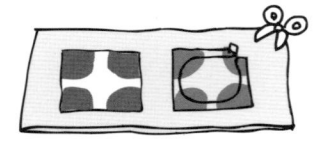

⑥和紙を新聞紙の上で広げて乾かし、アサガオの形に切り抜く。

⑦画用紙に絵の具で葉っぱをかき、⑥をのりではると出来上がり。

タマネギ染めのランチョンマット

用意するもの
- 【素材】・タマネギの表皮・白いハンカチ（綿）
- 【用具】・大きめのなべ・大きめのボウルまたはバケツ・さらし（綿）・はかり・クロマメ・輪ゴム・焼き明ばん（薬局で売っている）

偶然にできた色や形が、おもしろい味を引き出します。

作り方

①ハンカチとほぼ同じ重さのタマネギの表皮をなべに入れ、ひたひたの水で、煮汁が濃くなるまで煮る（30～60分）。

②さらしを二重にし、煮汁をこす。①と同じ作業で2番煮汁を作り、①の煮汁と合わせる。

③ハンカチにクロマメを3～4個入れて、輪ゴムで縛る。好きなだけ作る。

④③を②に入れて、ハンカチに煮汁の色が移るまで煮る（30～60分）。

⑤冷めたらハンカチを軽く絞り、明ばんを溶かした液（100ccに対して3g）に浸ける。

⑥軽く水洗いし、輪ゴムを外して乾かすと出来上がり。

◆エコロジカルワークを楽しもう！◆

●雪と氷で楽しもう！
アート＆プレイ

自然現象と子どものアート感覚とのコラボレーションで、ユニークな作品が続出！　雪や氷が溶けていく過程の、形の変化も楽しもう。

用意するもの
【素材】・雪や氷・木の枝・葉っぱ
　　　　・木片・小石
【用具】・バット

★園庭の水たまりや池にしぜんにできた氷を見つけたり、前日に水を張って、準備しておいてもよいでしょう。

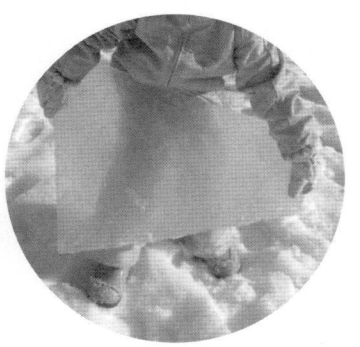

※池の氷を取るときは、十分注意が必要です。

遊び方のバリエーション

氷で遊ぼう！

◆ダイヤモンドよりもきれいかな？
・取った氷を太陽にかざして、キラキラと反射するようすを楽しむ。

◆手の型押ししよう！
・バットに凍らせておいた氷の板に、手を当ててみる。氷が溶けて手の形に穴が空いていく過程を楽しむ。

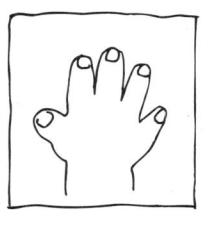

スノーアート

◆リアルタイムアート
・木の枝や小石を混ぜて、雪の玉を作っておく。時間の経過とともに溶けていく現象も、おもしろいアートになる。

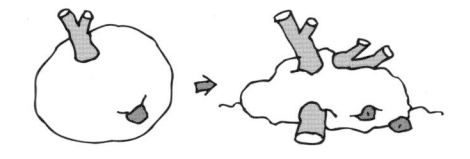

◆オブジェ

第❶章　作ろう！　遊ぼう！　63

⑦ 外で遊ぼう！

●音がして、弾んで飛ぶよ
ポンポンボール

コロコロ丸いキャラクターが、右に左に弾んで飛ぶよ。ビュンビュン振り回してもだいじょうぶ。でも、広い所で遊んでね。

用意するもの
【素材】・軍手・太めの輪ゴム4〜5本
・トイレットペーパー（1mくらい）
【用具】・針と糸

作 子どもの身長に合わせて、ゴムの長さを調節。

遊 手に打ちつけると、ポンポン音が鳴る。

遊 図のようにゴムを入れる。

★輪ゴムの先に指を入れ、ヨーヨーのようにして遊びます。

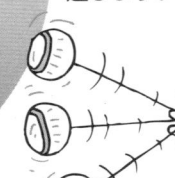

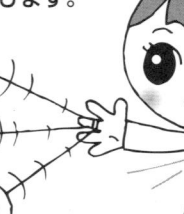

作 フェルトなどをはって、キャラクターにしても楽しい。

作り方

① 輪ゴムは図のようにして、4〜5本つなぐ。

② 輪ゴムの一方の先を、軍手の中指とひとさし指の間に入れて、指同士を固結びする。

③ 残りの指も内側に折り、縦に二つ折りにしたトイレットペーパー（2mくらい）でグルグル巻いてからひっくり返す（軍手は裏になる）。

④ 軍手の口から下の首の部分を輪ゴムで強く縛り、口の部分を反対にひっくり返す。

⑤ 図のように、前と後ろ2か所を糸で縫う。

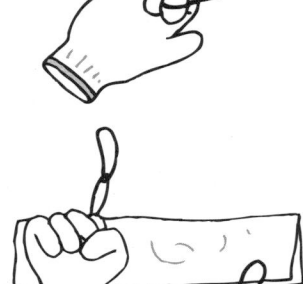

糸で縫う

●ちょっとアレンジ●

ウサちゃんポンポン

① 輪ゴムを軍手の薬指に入れて、薬指と中指を固結びする（残りの指はウサギの耳になる）。

② 親指を折り、ひとさし指と小指を残してトイレットペーパーでグルグル巻いてからひっくり返す。

③ 軍手の口から下の首の部分を輪ゴムで強く縛り、口の部分を反対にひっくり返す。前と後ろ2か所を糸で縫い、ウサギの耳を整えて完成。

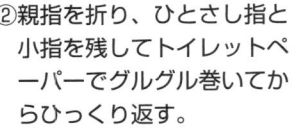

遊 び方のバリエーション

ポンポン名人

慣れてきたら、ボールの向きを「上・斜め・横・下」と決めて、だんだん難易度を高くしながら競って遊びましょう。

	10回	30回	50回
したぽんぽん	ふつう	まあまあ	なかなか
ななめぽんぽん	なかなか	やるな！	すごい！
よこぽんぽん	すごい	めいじん	たつじん
うえぽんぽん	たつじん	ししょう	かみさま

◆外で遊ぼう!◆

●風を切って鳴る ヒョヒョ笛

グルグル回すと、風を切っておもしろい音がするよ。二つのヒヨヒヨ笛が、空中で二重奏！

用意するもの
【素材】・フィルムケース 2個
　　　　・たこ糸(1m)1本 ・リング
　　　　・ビニールテープ
【用具】・ハサミ ・きりまたはカルコ
　　　　など ・油性フェルトペン

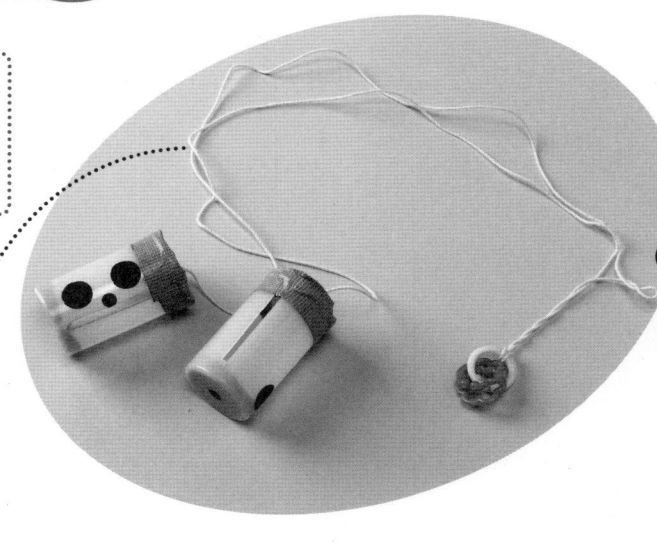

★糸を持って回すと音がします。慣れてきたら、いろんな回し方にチャレンジしましょう。

遊 糸の長さを考えて、人とぶつからない場所で遊ぶ。

作り方

① フィルムケースのふたの中心に穴を空け、たこ糸を通して結び目を作る。

② フィルムケース二つそれぞれに、図のような5mm幅のスリットを入れる。

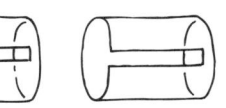

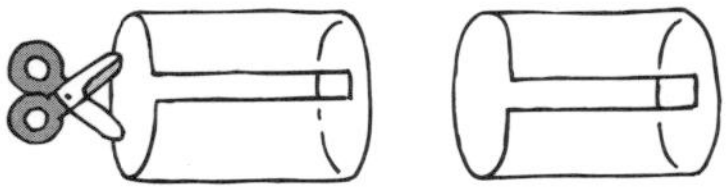

③ フィルムケースに、図のようにビニールテープを巻く（スリットが3cm程度見えるように）。

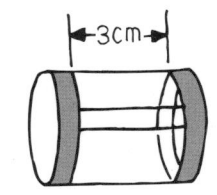

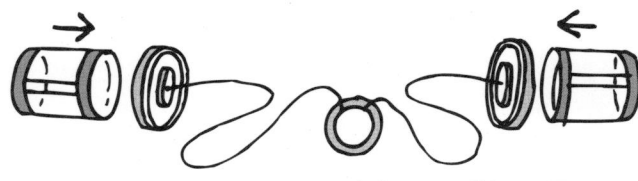

④ フィルムケースにふたをして、中央にリングをつける。

⑤ 油性フェルトペンなどで顔などをかいて出来上がり。

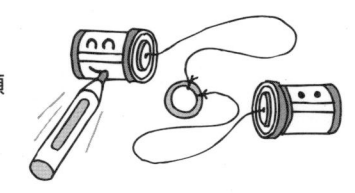

●ちょっとアレンジ●
フィルムケースに目やひれをつけて、魚やカエルなどのキャラクターにしても楽しいです。

遊び方のバリエーション

一つ回し
糸の中央を持ち、どちらかの笛を回す。

二つ回し
リングを持ち、二つを同じ方向に回す。 

別々回し 
二つが別々の回り方になるようにする。

第1章 作ろう！遊ぼう！ 65

●塩ビパイプで 筒ぽっくり

カポンカポンと音が鳴るよ。歩く場所で音が変わるよ。ウマのひづめの音？ それともロボットの足音かな？

合体式筒ぽっくり

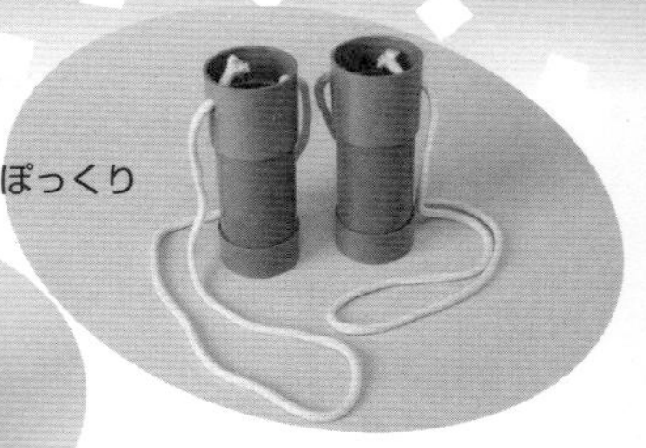

用意するもの
【素材】●塩ビパイプ（ジョイント用 内径7.5cm長さ7.5cm）2本…基本 ●綿ロープまたはできるだけ太いひも（4mくらい）1本
【用具】●電気ドリル

遊 塩ビパイプの長さを変えることで、いろいろな筒ぽっくりができる。

合体用パーツ

ふた

筒ぽっくり

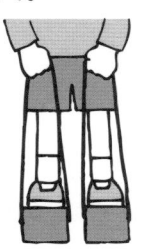

★ロープをピンと引っ張って、筒から落ちないように歩きます。

遊 図のように筒に足を乗せ、ロープの長さを調節しておく。

作り方
●保育者のサポートで

①塩ビパイプの端に、電気ドリルで穴を空ける。反対側にも空ける。

②ロープを、足の長さの約2倍の長さに2本切る（右図参照）。

素 細いひもは、切れやすいので不向き。

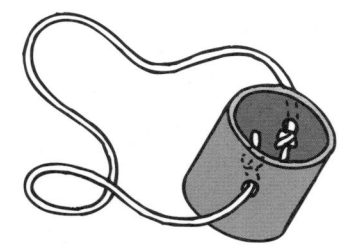

③筒の外側から穴にロープを通し、内側で固結びをする。

作 ひも同士を結んでおいてもよい。

●ちょっとアレンジ●
竹ぽっくり

塩ビパイプの代わりに、竹を使って作ってもおもしろいでしょう。

用意するもの
【素材】●モウソウダケ ●綿ロープまたはできるだけ太いひも（4mくらい）1本
【用具】●のこぎり ●電気ドリル

①モウソウダケの、節から1～2cmの所をのこぎりで切り、電気ドリルで穴を空ける。

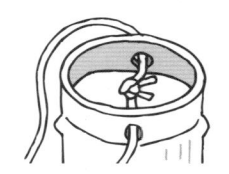

②穴にロープを通し、しっかり結ぶ。

●ちょっとアレンジ●
合体式筒ぽっくり

★50cmの塩ビパイプを金のこで10cmと15cmに切り（各2本）、筒ぽっくりと合体させることで高さが変わります。子どものレベルに合わせて調節しましょう（上の写真参照）。

用意するもの
【素材】●筒ぽっくりの素材 ●塩ビパイプ（外径7.5cm長さ50cm）1本 ●塩ビパイプのふた（内径7.5cm長さ約4cm）2個
【用具】●電気ドリル ●金のこ

素 パイプの下にフタをつけると、じょうぶになる。

遊び方のバリエーション
筒ぽっくり競争

チームに分かれて、競争しても楽しいでしょう。

◆外で遊ぼう！◆

●ビューンと伸びる シュート棒

伸び縮みする、不思議な棒だよ。紙のバネが秘密のしかけ。遠くからでも、はい、タッチ！

用意するもの
【素材】●模造紙●丸棒1本
【用具】●ハサミ●のり●油性フェルトペン●ぬれタオル●ろうそく

作 内側にしっかりと、ろうを塗ることが大切。

遊 「ビューン、チャッ！」などの掛け声が、あそびを盛り上げる。

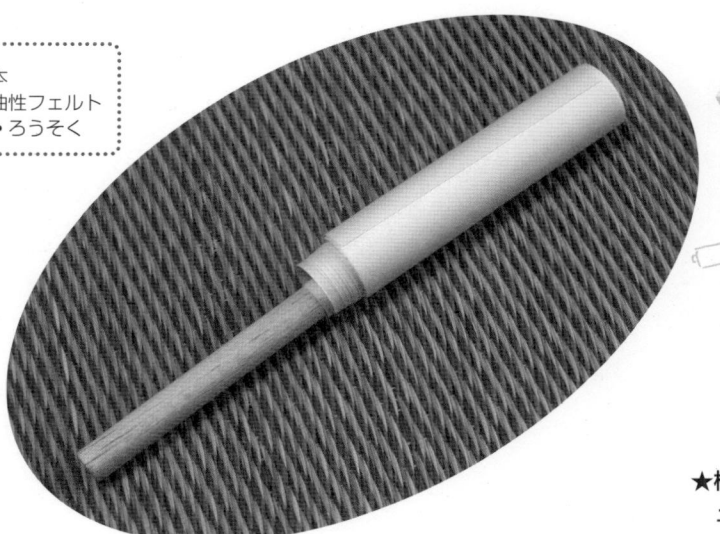

遊 リズミカルに、手首のスナップを効かせる。

★棒を持って後ろから前へ振り出すと、ビューンと伸び、手前に振り戻すと、シャッと戻ってきます。

作り方

①模造紙の長辺に沿って幅10cmの帯を2枚切り、のりではってつなぐ。

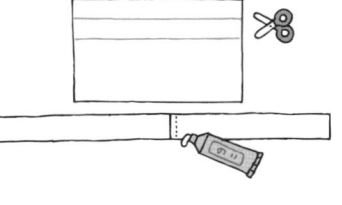

②つないだ帯の一方を、図のように丸ばしに巻いてはりつける。

作 セロハンテープではると、滑りにくくなるので、のりではる。

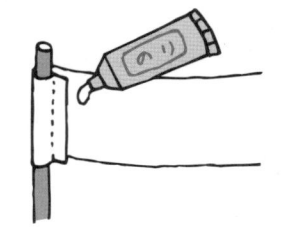

③帯の外側に油性フェルトペンで好きな絵や模様をかいておく。

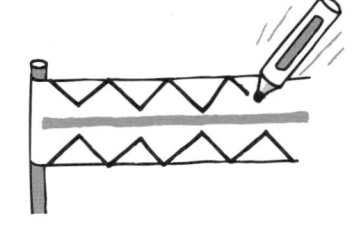

④水でぬらしたタオルを強く絞って帯をふき、湿らせる。

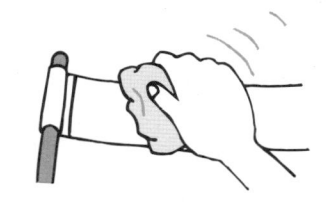

⑤全体に湿ったら、帯を丸ばしに巻き取り、乾くまで輪ゴムで留めておく。

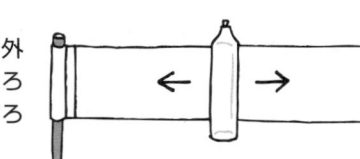

⑥帯が乾いたら輪ゴムを外し、帯を広げて内側にろうそくをこすりつけてろうを塗る。

⑦表面がうっすらと光沢を帯びたら、再び帯を巻き直して出来上がり。

遊び方のバリエーション

的にシュート

ペットボトルなどを立てた的に当てて、何本倒せるかを競って遊んでも楽しいです。

第1章 作ろう！ 遊ぼう！

●風に乗るよ 紙飛行機セレクト3

まっすぐに飛んだり旋回したり、上がったり下がったり。風に乗ればどこまでも飛んでいくよ。

とんがり飛行機

用意するもの
- 【素材】• A4サイズの上質紙
- 【用具】• セロハンテープ
  • 水性フェルトペン

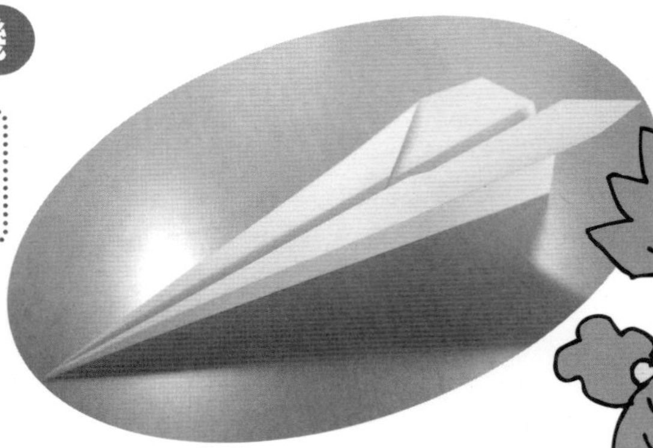

遊 先がとがっているので、人に向かって飛ばさないように！

作り方

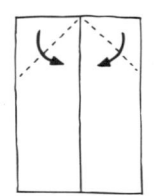

① 紙を縦二つに折って開き、左右の角を中心線に沿って折る。

② 重ねるように、再度中心線に沿って折る。

（1mmほど開けておく。）

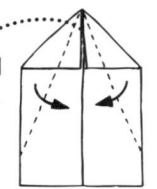

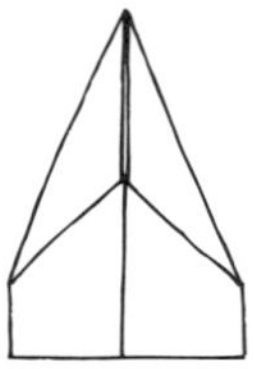

③ 中心線で二つに畳んで、図のように翼を左右それぞれ折り返す。

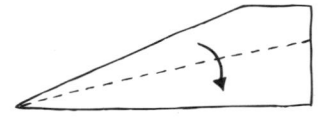

④ 翼が水平になるように整えて、出来上がり。

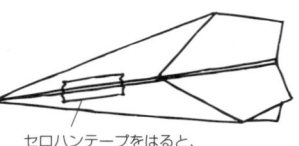

作 翼が曲がっていたり、膨らんでいたりすると、うまく飛ばない。

セロハンテープをはると、飛行が安定する。

飛ばし方

紙飛行機の真ん中より少し前（先端から1／3くらいの所）を持って、一直線に押し出すように飛ばす。

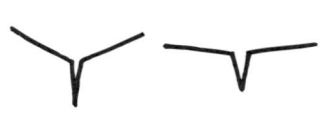

手を離す前の翼の形　／　飛んでいるときの翼の形

へそ飛行機

用意するもの
- 【素材】• A4サイズの上質紙
- 【用具】• セロハンテープ

作り方

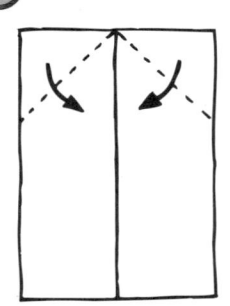

① 紙を縦二つに折って開き、左右の角を中心線に沿って折る。

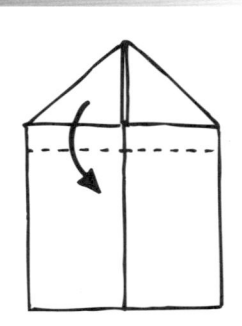

② 三角形の部分を、図のように下に折る。

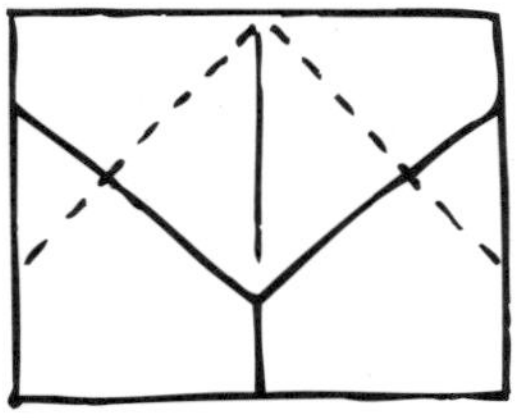

◆外で遊ぼう！◆

イカ飛行機

用意するもの
【素材】・A4サイズの上質紙
【用具】・セロハンテープ

作り方

①紙を縦二つに折って開き、左右の角を中心線に沿って折る。

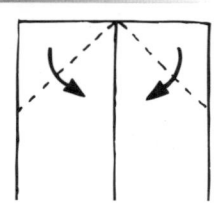

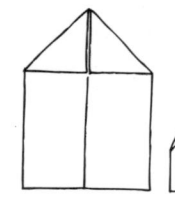

②いったん紙を広げ、それぞれの角を、①でできた反対側の折り目に合わせて折る。

③両方の角を、中心線から外側に折る。
④両方の角を、中心線に向かって再度折る。

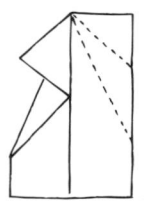

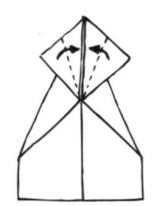

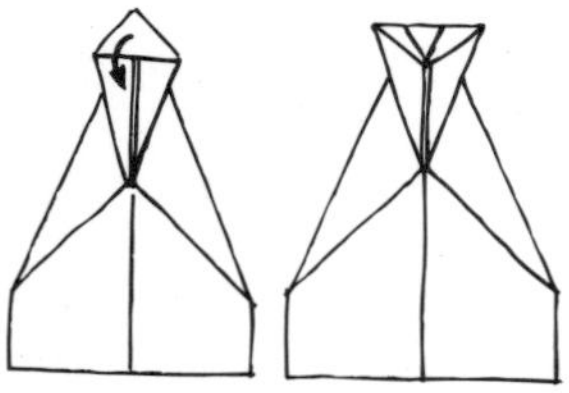

⑤上にできた三角形を、下に折り返す。
⑥中心線に沿って二つに折る。

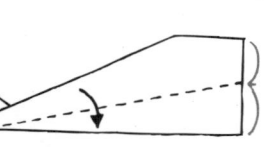

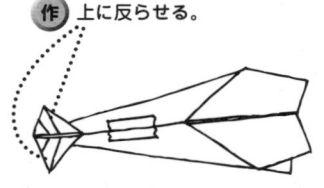

作 上に反らせる。

⑦翼の端が中心線に重なるように折り返して出来上がり。

③両方の角を、中心に向かってもう一度折る。

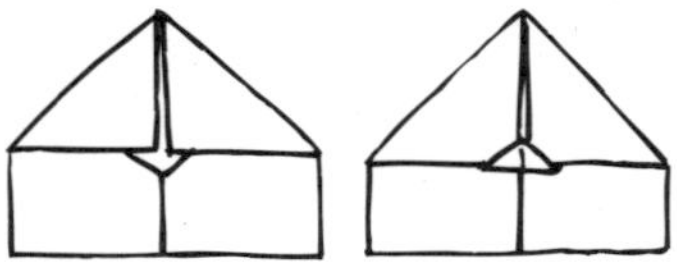

④飛び出た三角形を上に折り返す。

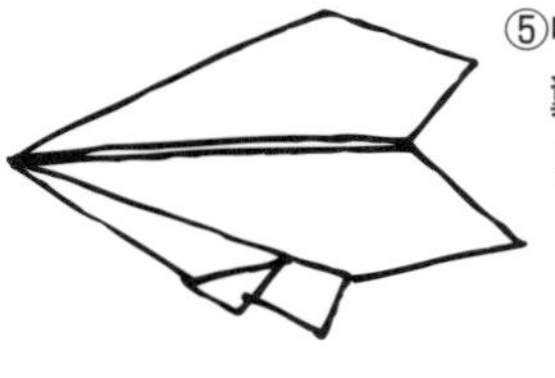

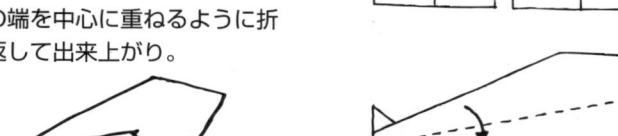

⑤中心線に沿って二つ折りにし、翼の端を中心に重ねるように折り返して出来上がり。

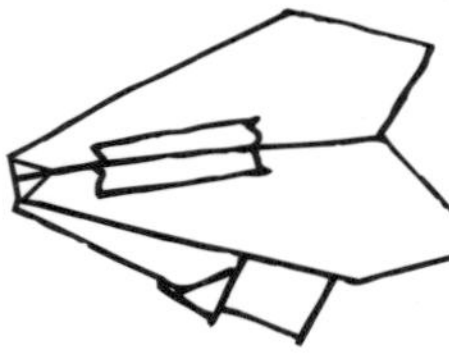

飛ばし方

紙飛行機の小さな三角形の所を持って、真上を目がけて飛ばすと、大きな弧を描きながら飛ぶ。

上反角
手を離す前の翼の形　飛んでいるときの翼の形

飛ばし方

飛行機の真ん中より少し前（先端から1／3くらいの所）を持って、一直線に押し出すように飛ばす。

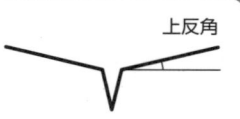

上反角
飛んでいるときの翼の形

第1章 作ろう！遊ぼう！

●包装紙で 紙風船

紙風船に息を吹き込むと、ほんわか丸いさいころ形になるよ。空気の重みや、紙の感触を味わってね！

用意するもの
【素材】・包装紙や広告チラシ（30cm×30cm）
【用具】・ストロー（必要に応じて）

遊
膨らませるとき、空気がスムーズに入るよう、手で紙風船を少し引っ張るようにするとよい。難しいようなら、穴にストローを差し込んで膨らませてもよい。

作
紙で作ったものでも、しっかり折っていれば、案外じょうぶ。

★打ち上げる強さをかげんして、紙風船を空中でポンポン弾ませて遊びましょう。

作り方

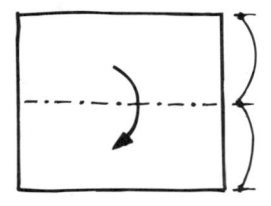

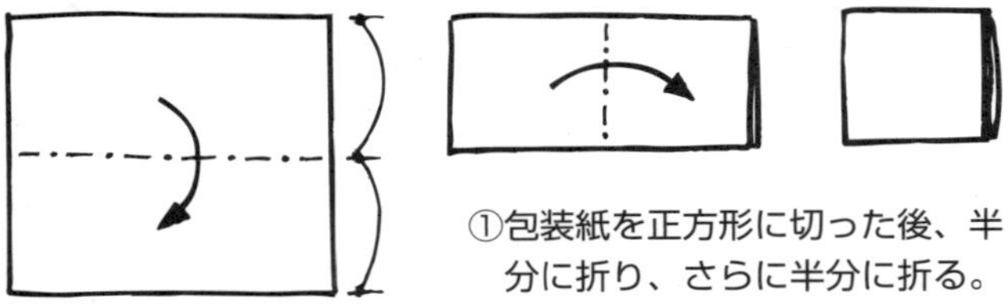

①包装紙を正方形に切った後、半分に折り、さらに半分に折る。

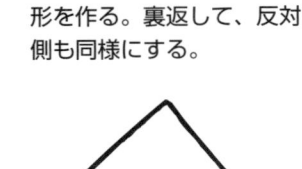

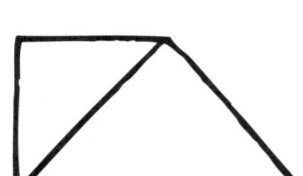

②四角形の中を広げて、三角形を作る。裏返して、反対側も同様にする。

③できた三角形を、図のように点線の部分で折り上げる。裏も同様にする。

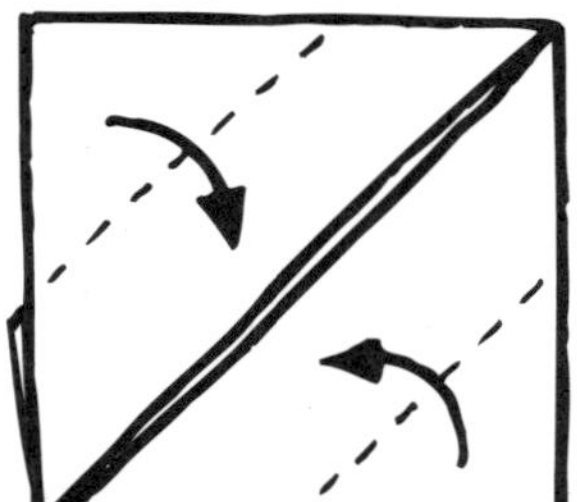

⑤図のように、点線の部分で折る。裏も同様にする。

⑥図の点線の部分を上に折り曲げて、三角形の先の方からすき間に入れて、しっかり折り込む。裏も同様にする。

遊び方のバリエーション

連続ポンポン

ふたりでラリー

◆外で遊ぼう！◆

●牛乳パックで 飛べ飛べ円盤

四角い箱からなんと円盤ができる！　羽根にカラービニールテープを巻くと、回転したとき、カラフルできれいだよ。

用意するもの
【素材】●牛乳パック1本
【用具】●ハサミ●クラフトテープ
　　　●カラービニールテープ

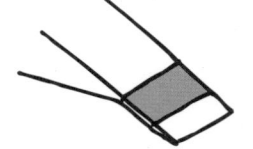

素　カラービニールテープで巻くと、遠くまで飛ぶ。

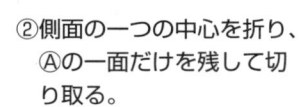

★羽根の一つを持って、スナップを利かせて回転させながら飛ばします。うまくいくと、ブーメランのように戻ってきます。

作り方

① 牛乳パックの口を広げて、底の部分を切り取る。

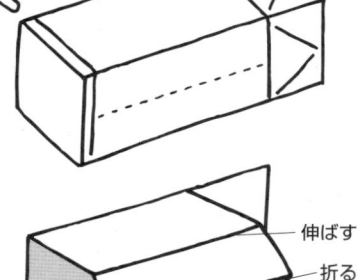

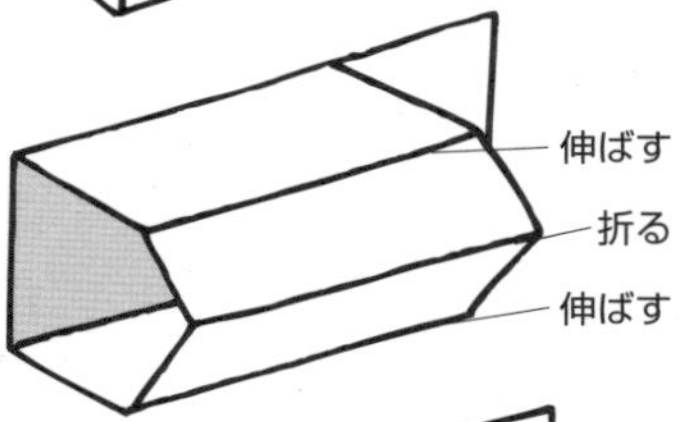

② 側面の一つの中心を折り、Ⓐの一面だけを残して切り取る。
伸ばす／折る／伸ばす

③ 図のように三角柱にした後、八等分に切り込みを入れる。

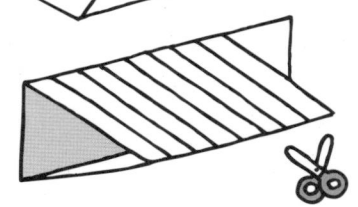

④ 反り返るように、グルッと円にする。

⑤ Ⓐの部分を三角形の中に入れて、羽根の間隔やバランスを整え、クラフトテープで留める。羽根にカラービニールテープを巻いて出来上がり。

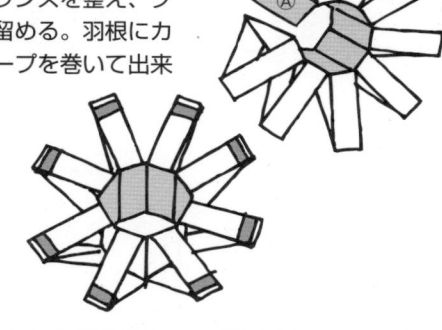

遊び方のバリエーション

飛べ飛べ円盤投げ

地面にラインを引いて、どこまで飛ばせるか競争しても楽しいですね。

ヤッター！

第1章　作ろう！遊ぼう！

⑧ 動くおもちゃで遊ぼう！

●ひもをたどって 登るおもちゃ

左右交互に揺れながら、おもちゃが登っていくよ。登りきった所で目標物にタッチ！ 目標物とキャラクターの組み合わせも考えてね。

用意するもの
- 【素材】・厚紙（10cm×10cm）1枚 ・ストロー（直径4.5mm）1/2本 ・輪ゴム2本 ・たこ糸（3〜4m）1本 ・ヒートン
- 【用具】・ハサミ ・セロハンテープ ・水性フェルトペン

作 糸が引っ掛からないように、なるべく丸い形にする。

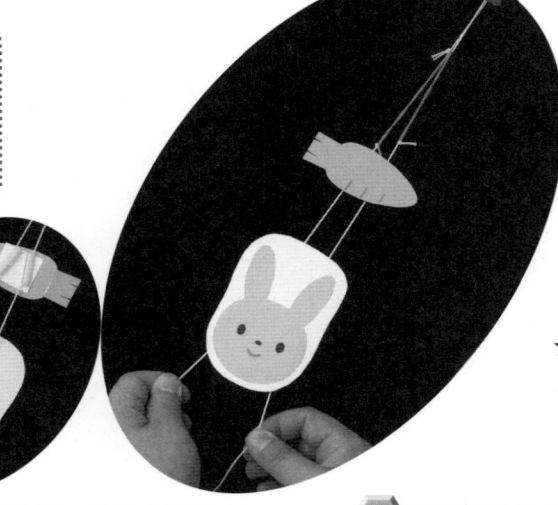

★壁のフックに引っ掛けたり、だれかに持ってもらって高低をつけてセットします。左右のたこ糸を交互に交互に引くと、キャラクターが揺れながら登っていきます。

作り方

①厚紙に好きな絵をかいて切り抜く。輪郭は大きめに、丸くしておくのがコツ。

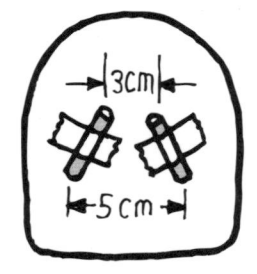

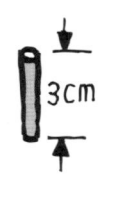

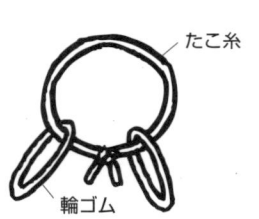

②切り抜いた厚紙の裏に、3cmの長さに切ったストローをハの字形にして、セロハンテープで留める。

③10cmのたこ糸を、2本の輪ゴムに通してから固結びして、引っ掛ける部分を作る。

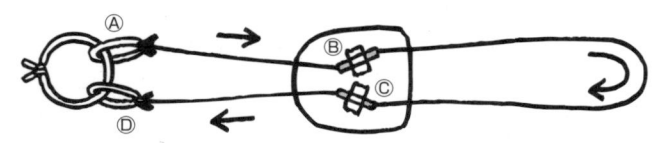

④たこ糸の一方をⒶの輪ゴムに固結びした後、図のようにⒷⒸのストローを通し、最後にⒹの輪ゴムに固結びして出来上がり。

遊び方のバリエーション

何にタッチ？

登っていって、何にタッチするのがおもしろいか、キャラクターとの組み合わせを考えて、いろんなアイデアを出し合って作りましょう。

ヨコヨコ動き

★横動きも下動きも、しくみは同じです。ロープウェイや地底探検といったお話にして遊んでも、楽しいでしょう。

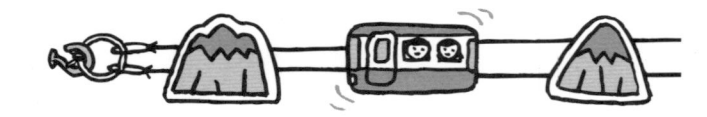

◆動くおもちゃで遊ぼう！◆

●段ボールで キツツキ

小刻みに頭を揺らしながら下りてくるキツツキはユーモラスだね。キツツキに重りをつけると、動く速さが変わるよ。

用意するもの
- 【素材】●段ボール(10cm×6cm)1枚 ●画用紙 ●竹ぐし(18cm)1本 ●洗濯バサミ ●たこ糸(1m)1本 ●リング
- 【用具】●ハサミ ●セロハンテープ ●針 ●水性フェルトペン

遊 キツツキに重りをつけて試す。

★糸をピンと張り、キツツキの頭を軽くつついてやると、胴体を上下に揺らしながら、ゆっくり下りてきます。

遊 糸はピンと張っておく。

作り方

①段ボールにキツツキの絵をかいて切り抜く。
※厚みがあり切りにくいので、大まかな輪郭をかいて切り抜くとよい。

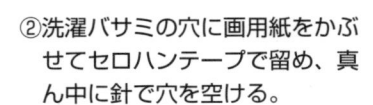

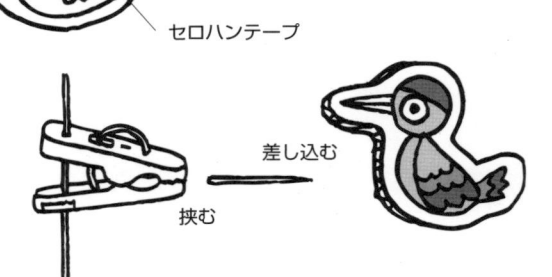

②洗濯バサミの穴に画用紙をかぶせてセロハンテープで留め、真ん中に針で穴を空ける。

セロハンテープ

差し込む
挟む

③空けた穴に、図のようにたこ糸を通し、竹ぐしで洗濯バサミとキツツキをつなぎ、糸の下にリングを結ぶと出来上がり。

●保育者のサポートで
キツツキの止まり木

用意するもの
- 【素材】●段ボールのキツツキ ●竹の板またはプラスチック製の定規(30cmくらい)1本 ●洗濯バサミ ●たこ糸1本
- 【用具】●のこぎり ●ハサミ ●セロハンテープ ●針 ●水性フェルトペン

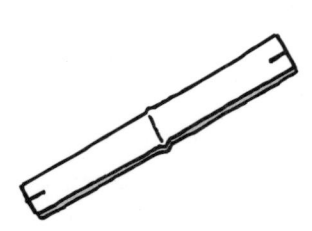

①竹の板の両端に、のこぎりで切り込みを入れる。

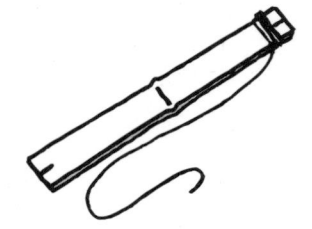

②一方の端の切り込みにたこ糸を挟んで巻きつける。

③糸に洗濯バサミを通し、つまようじとキツツキをセットする。

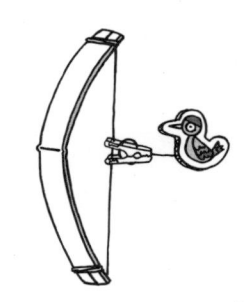

④たこ糸をピンと張りながら竹を曲げ、反対側の切り込みに挟んで巻きつける。

第1章 作ろう！遊ぼう！ 73

●粘土で電池で コロコロゴロゴロ

素材は違っても、動くしくみは同じだよ。体を揺らしながら進んでいくようすがユーモラス。

粘土でコロコロ ユラユラお散歩

用意するもの
【素材】・お菓子などの紙筒・輪ゴム（14～16番）1本・粘土
【用具】・ハサミ・油性フェルトペン

遊 手前に巻きつけた輪ゴムが、元に戻ろうとする力が前進するしくみ。

作り方

①お菓子などの紙筒を、5cmくらいの高さに切り、両端に1cmの切り込みを、1cm程度の間隔を開けて2か所に入れる。

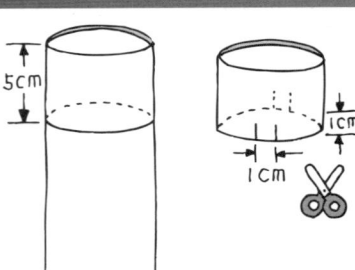

★たこ糸を引っ張って緩めると、体を揺すりながらゴロゴロと音を立てて前へ進みます。

電池でゴロゴロ 走れパコパコムシ

用意するもの
【素材】・カップめんなどの容器・単一古乾電池1個・輪ゴム（14番）8本・たこ糸1m・リング
【用具】・ハサミ・セロハンテープ・つまようじ・油性フェルトペン

作り方

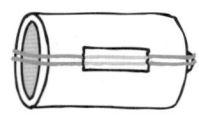

①乾電池に輪ゴムを2本巻きつけ、セロハンテープで留める。

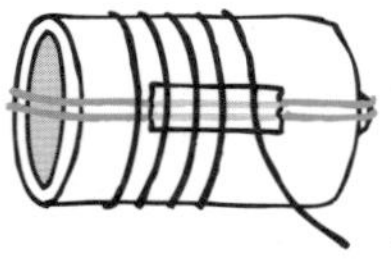

②乾電池の中央部分にたこ糸をくくり、数回巻きつける。

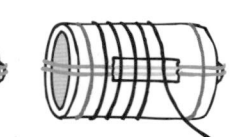

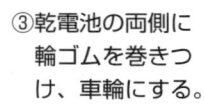

③乾電池の両側に輪ゴムを巻きつけ、車輪にする。

⑥乾電池を容器の中に入れ、たこ糸の先を中央の穴から出してリングを結ぶ。

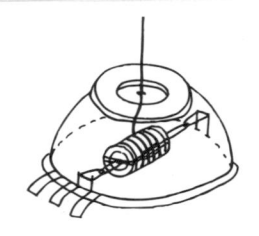

⑦乾電池の両端に輪ゴムを2本ずつ通し、その先を容器の切り込みに引っ掛ける。

④カップめんなどの容器に、油性フェルトペンで好きな模様をかく。

⑤容器の中央に、つまようじでたこ糸を通す穴を空け、両端に輪ゴムを掛ける切り込みを、2cmの幅で入れる。

遊び方のバリエーション

年少児の場合は、容器を持って床につけ、おもちゃを手前に30cmくらい引いてからパッと手を離して前進させてもよいでしょう。

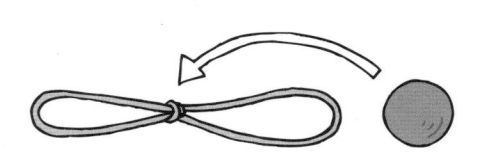

◆動くおもちゃで遊ぼう！◆

★紙筒の両端を持って、床につけたまま30cmくらい手前に引いてから手を離すと、体を揺すりながら進みます。

②輪ゴムを真ん中で玉結びし、ピンポン玉くらいの大きさの粘土をつけて、形を丸く整える。

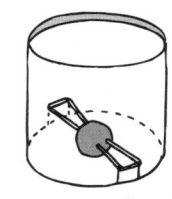

③輪ゴムの両端を紙筒の切り込みに引っ掛けてひっくり返し、紙筒の表面に好きな絵をかく。

電池でゴロゴロ
ツチノコノコノコ

用意するもの
- 【素材】・和紙（B4サイズ）1枚・トイレットペーパーのしん2本・単一古乾電池1個・針金（14番）・輪ゴム（16番）4本・たこ糸1m
- 【用具】・ハサミ・のり・つまようじ・きりまたはカルコなど

★たこ糸を引っ張り、輪ゴムの動きに合わせて緩めると、胴体を伸縮させてノコノコと動きます。

作り方

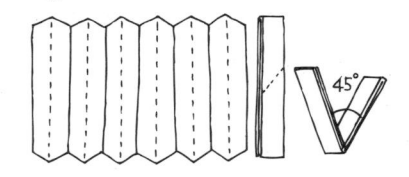

①和紙を36cm×12cmに切り、15mmの幅でじゃばら折りにして、真ん中でV字形に折る。

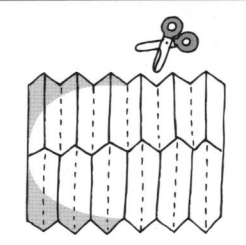

②①を開いて図のように折り直し、先端が細くなるように切る。

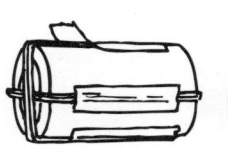

③トイレットペーパーのしんを開いて図のように切り、カルコで穴を空ける。

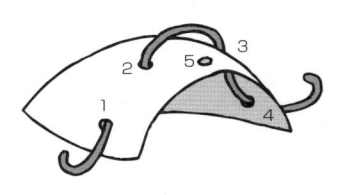

④③に顔をかき、針金を図の番号順に通していく。

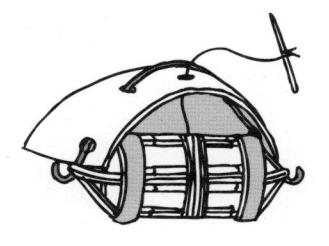

⑤乾電池に図のように輪ゴムを2本ずつ掛け、セロハンテープで留める。

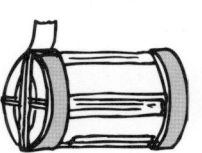

⑥③トイレットペーパーのしんを1cm幅に切り、⑤に三重に巻きつけてセロハンテープで留める。

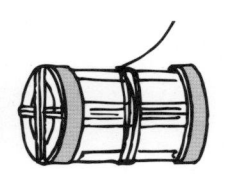

⑦乾電池の中央にたこ糸をくくり、セロハンテープで留めた後巻きつける。

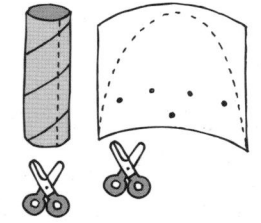

⑧④の針金を図のように⑦の輪ゴムに引っ掛けて、たこ糸を④の中央の穴に通して、先につまようじをくくりつける。

⑨頭に②の胴体をのりではりつけて、出来上がり。

第1章 作ろう！遊ぼう！

●牛乳パックで パクパクおシシ

パカッと大きな口が開くおシシだよ。シシ舞の音楽に合わせて、リズミカルに口をパクパク動かすと楽しいよ！

用意するもの
【素材】●牛乳パック2本 ●割りばし1膳 ●色紙 ●布
【用具】●ハサミ ●ホッチキス ●木工用接着剤 ●セロハンテープ ●クラフトテープ ●きりまたはカルコなど ●油性フェルトペン

★割りばしを前後に動かすと、口がパクパク音を立てて動きます。

「なぁ～に？シシゾーくん！」
「シシ子ちゃん！」

素 布をかぶせると、雰囲気が出る。

作り方

① 牛乳パックの口の部分を開き、図の点線部分に切り込みを入れてシシの口を作る。牛乳パックの底に、割りばしを通す穴を空ける。

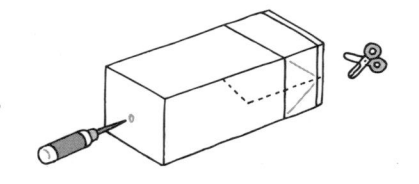

② 牛乳パックを14cm×7cmに切り、二つ折りにして割りばしの太い方を挟み、割りばしごとホッチキスで留める。

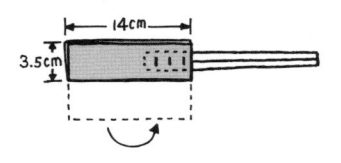

③ ②を①の口から入れ、割りばしの先を底の穴に通して、上あごの裏側と②の牛乳パックをセロハンテープで仮留めして、口の動きを確かめてからクラフトテープで留める。

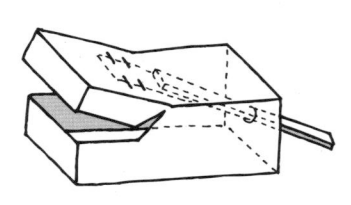

④ 口の部分を図のように折り曲げ、ホッチキスで留める。

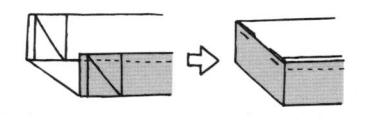

⑤ 色紙で目や鼻、まゆ毛などを作って木工用接着剤ではったり、油性フェルトペンで模様をかくと出来上がり。胴体に、シシ舞の布をかぶせるとおもしろい。

遊び方のバリエーション
パクパクおシシの腹話術

★自由に口が動かせるおシシを使って、腹話術あそびをすると楽しいでしょう。

「ハ～イ。」
「シシ丸くん～！」

◆動くおもちゃで遊ぼう！◆

●水道パイプで パワフル糸車

糸巻きの代わりに、水道パイプとイスキャップ（イスの足カバー）を使って糸車を作るよ。糸巻きより数段パワーアップした糸車。進み方もだんぜん速い！

用意するもの
- 【素材】・水道パイプ（外径29mm長さ6cmくらい）1本・イスキャップ（内径29mm）2個・輪ゴム（14〜16番）4本・ワッシャー2個・割りばし1／2本
- 【用具】・きりまたはカルコ・カッターナイフ・針金（輪ゴム通し用）

★割りばしをグルグル回して、平らな所に置いて手を離すと、カタカタ音を立てながら進んでいきます。

作り方

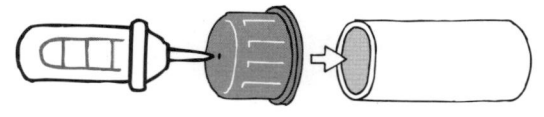

①イスキャップ1個を水道パイプにかぶせ、中心にカルコで穴を空ける。

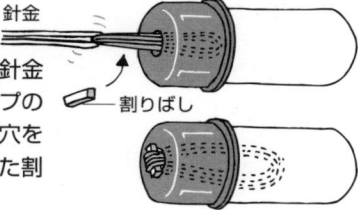

②輪ゴム4本を折り曲げた針金に引っ掛けて、水道パイプの内側からイスキャップの穴を通し、25mmくらいに切った割りばしに引っ掛ける。

③もう一つのイスキャップの中心に、カッターナイフで直径1cmくらいの穴を空ける。

④水道パイプに③をかぶせ、中から輪ゴムを針金で引っ掛けて出し、ワッシャー二つに通した後で割りばしに引っ掛けて出来上がり。

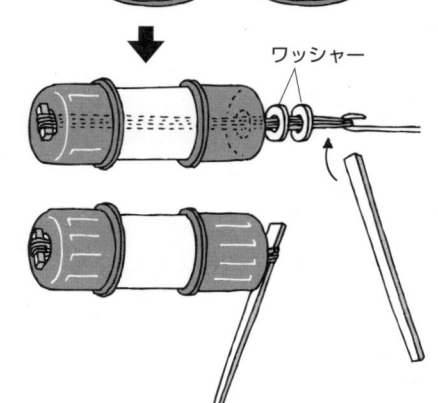

●ちょっとアレンジ●
フィルムケースの代わりに空き缶、竹ぐしの代わりに割りばし、ハトメ鋲の代わりにビーズを使って、大きな糸車を作ってみましょう。

遊び方のバリエーション

糸車競争
スタートとゴールを決めて、競争して遊びましょう。

第1章 作ろう！遊ぼう！

●牛乳パックで
クネクネスネーク

昔のおもちゃ、竹細工のじゃばらのしくみを、牛乳パックで作ったよ。クネクネした動きが愛きょうたっぷりで楽しいね。

用意するもの
【素材】•牛乳パック1本 •色紙
【用具】•ハサミ •セロハンテープ •ホッチキス •木工用接着剤 •油性フェルトペン

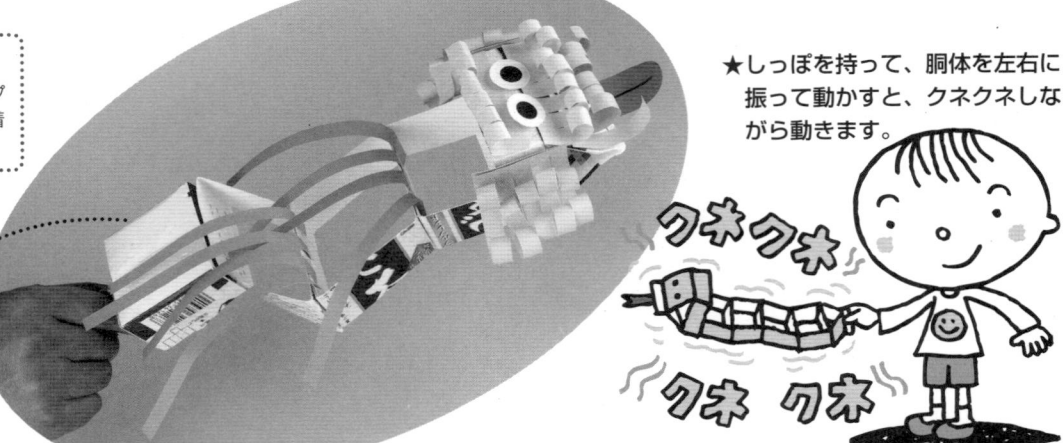

作 色紙や色上質紙を使って飾り、おしゃれなクネクネスネークにしても楽しい。

★しっぽを持って、胴体を左右に振って動かすと、クネクネしながら動きます。

作り方

①牛乳パックを底から3.5cm間隔で切る。

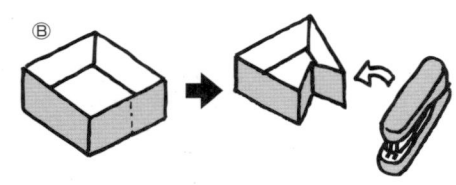

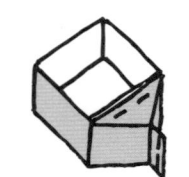

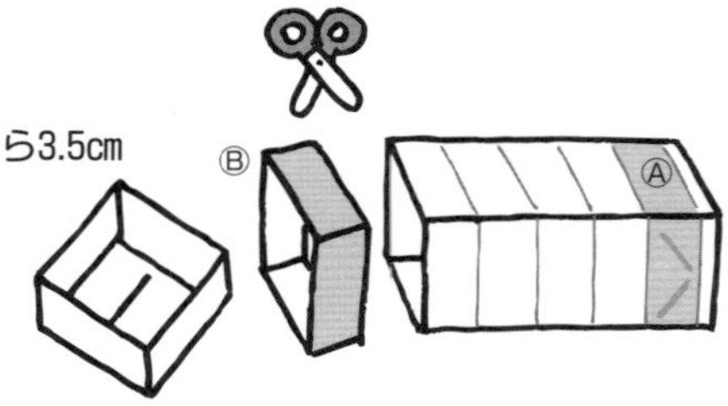

②Bを図のように折り、ホッチキスで留め、しっぽにして①の枠の一つとホッチキスでつなぐ。

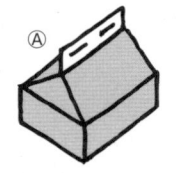

③Aの口の部分をホッチキスで留め、頭の部分を作る。

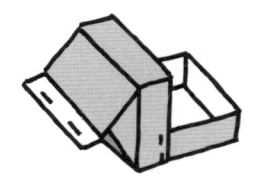

④Aと①の枠をホッチキスで次々とつなぎ、しっぽもつないで胴体の完成。

⑤色紙を切ってはったり、油性フェルトペンで模様をかく。

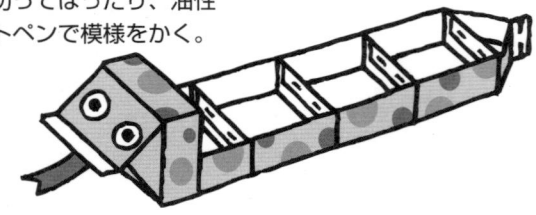

●ちょっとアレンジ●
怪獣マリオネット

「パクパクおしし」(00ページ)の顔の作り方と、「クネクネスネーク」の胴体(四角の枠を縦につないでいく)とを合わせると、怪獣ができます。きばや足を色紙で作ってはり、オリジナルの怪獣を作りましょう。

用意するもの
【素材】•牛乳パック1本 •色紙 •割りばし1本 •たこ糸
【用具】•ハサミ •セロハンテープ •ホッチキス •木工用接着剤 •油性フェルトペン •きりまたはカルコなど

遊び方のバリエーション

★マリオネットシアターをしたり、「クネクネスネーク」といっしょにダンスをさせてもおもしろいでしょう。

◆動くおもちゃで遊ぼう！◆

●牛乳パックで レーシングカー

牛乳パックのじょうぶな車体は、ちょっとやそっとでは壊れないよ。タイヤもつけて、レースをしよう！

用意するもの

【素材】・牛乳パック1本・竹ぐし2本・フィルムケースのふた（周りがギザギザのもの）4個・のりばね(1.5cm×1.5cm)4個・ストロー1本・紙コップ1個・色紙

【用具】・ハサミ・セロハンテープ・クラフトテープ・木工用接着剤・油性フェルトペン・きりまたはカルコなど

※のりばねは、片方がシールになっている発泡スチロール板。画材店や写真店で売っている。

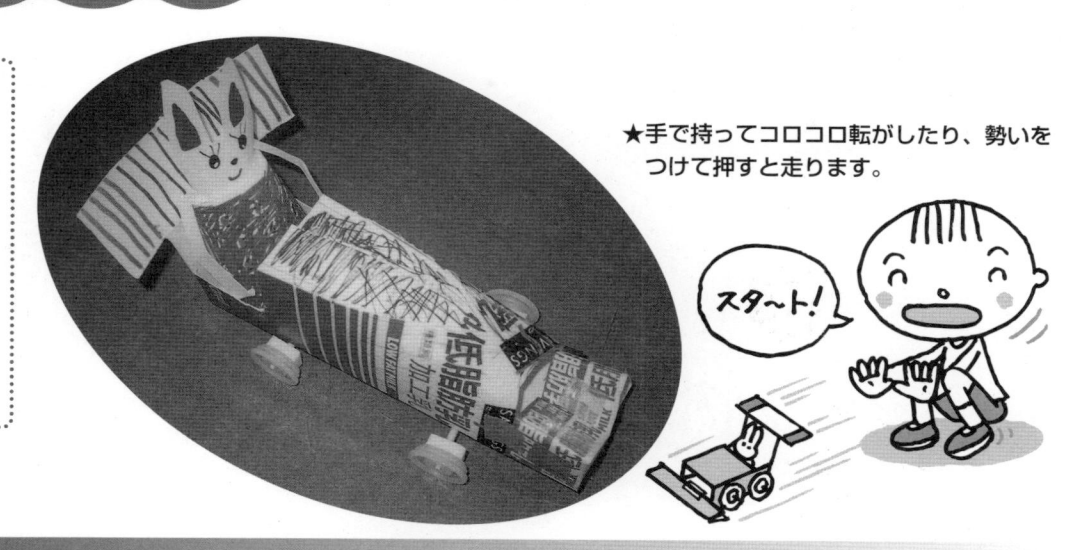

★手で持ってコロコロ転がしたり、勢いをつけて押すと走ります。

スタ〜ト！

作り方

①牛乳パックの口の部分を切り取り、図の実線のとおりに切り開く。

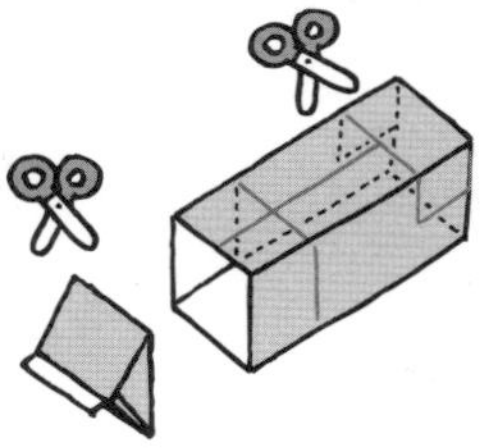

作　先端部分を三角形にし、車体に切れ目を入れて絞り込むとかっこいい。

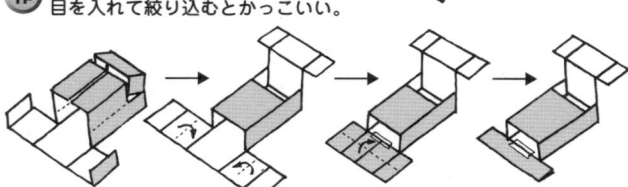

②①を図のとおりに折って車体の形に組み立て、セロハンテープで留める。

素　へそのあるものを使うと、中心がすぐわかる。

③のりばねをフィルムケースのふたの裏にはりつけ、タイヤを作る。

④タイヤの中心にカルコで穴を空け、竹ぐしを刺す。

⑤竹ぐしをストローに通し、反対側でタイヤを内側から刺して、先を切り落とす。

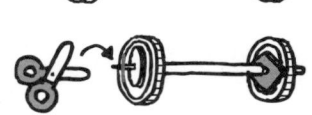

⑥車体の底に⑤をセロハンテープで仮留めし、車がまっすぐ動くことを確認してからクラフトテープで固定する。

セロハンテープ

⑦紙コップに絵をかき、色紙を切ってはるなどして人形を作り、車に乗せると出来上がり。

遊び方のバリエーション

山あり谷ありカーレース

積み木や粘土板などをうまく利用してレース場を作り、カーレースあそびをしても楽しいでしょう。

第1章　作ろう！遊ぼう！　79

●飛び出すプリント
似顔絵カメラ

シャッターを切ると、似顔絵が出てくるよ。そっくりさんが出てくるのかな？ 飛び出すしかけを準備したら、友達を撮影しに行こう！

用意するもの
【素材】• 牛乳パック1本 • 画用紙 • たこ糸 • リボン • リング
【用具】• ハサミ • カッターナイフ • ホッチキス • きりまたはカルコなど • 油性フェルトペン

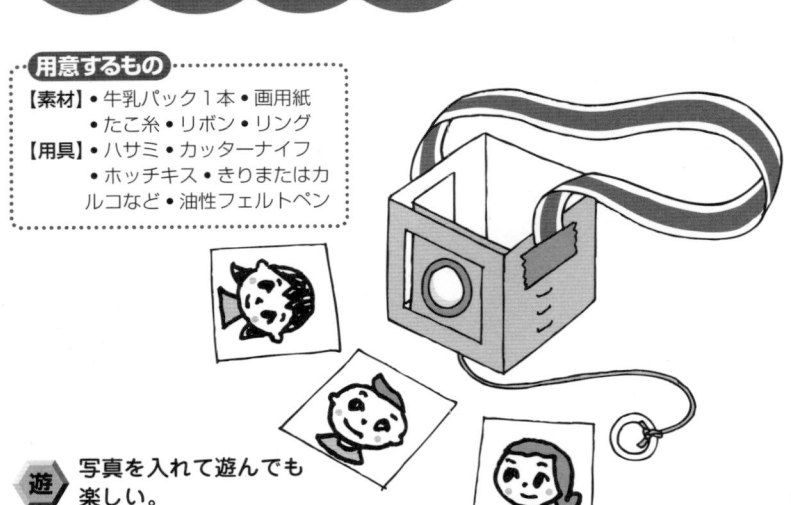

遊 写真を入れて遊んでも楽しい。

★たこ糸を引っ張ると、レンズが後ろに引っ張られ、隠れていた絵や写真が出てきます。

作り方

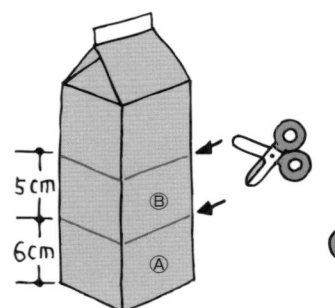

① 牛乳パックを、図のように切り取る。

作 保育者がカッターナイフで切り込みを入れてやると切りやすい。

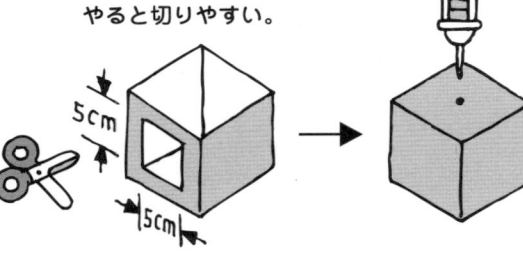

② Ⓐの側面に5cm×5cmの窓を切り抜き、底の中心にカルコでたこ糸を通す穴を空ける。

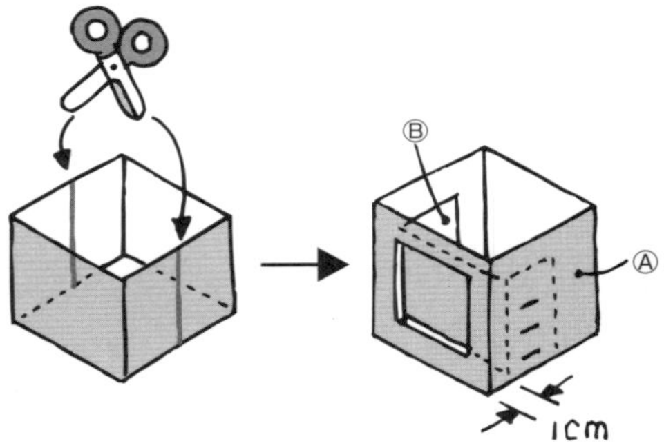

③ Ⓑを半分に切り、Ⓐの中に入れて、窓から1cm離してホッチキスで留める。

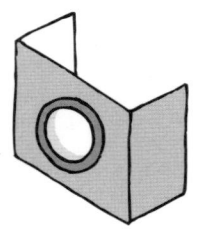

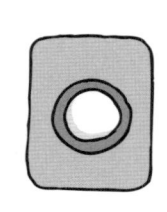

④ Ⓑの残り半分にレンズの絵をかき、角を丸く切って図のようなカード形のレンズを作る。

⑤ ④の下に穴を空け、たこ糸を通して、結び目が前になるように結ぶ。

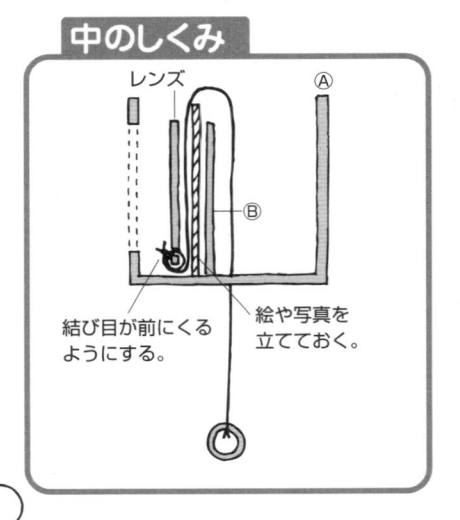

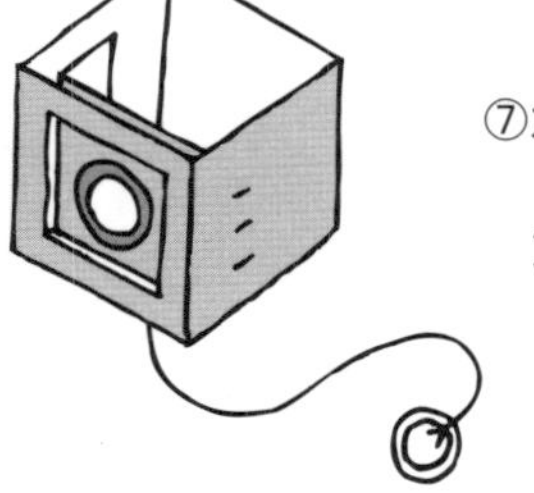

⑥ たこ糸をⒶの底の穴に通して、先にリングをつける。

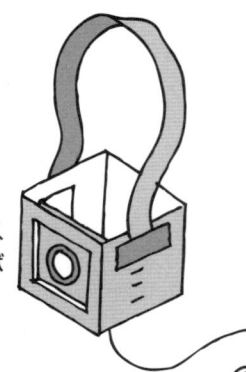

⑦ カメラの両端にストラップ用のリボンをつける。

中のしくみ
レンズ / Ⓐ / Ⓑ
結び目が前にくるようにする。
絵や写真を立てておく。

◆動くおもちゃで遊ぼう！◆

●音も鳴る ブルブルおもちゃ

紙包みの中身はなんだろう？　ドキドキワクワク感がたまらない！　開けようとすると、ブルブルッと震えてびっくりするよ。

用意するもの
- 【素材】・工作紙（16cm×8cm）1枚
- ・上質紙（A4サイズ）1枚
- ・輪ゴム（12番）2本・5円玉1個
- 【用具】・ハサミ・セロハンテープ・フェルトペン

遊
空ける前に、「危ないから気をつけてね」と声をかけておくと、効果がある。

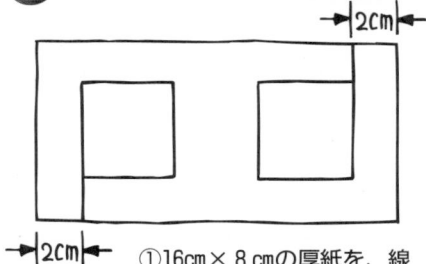

作り方

① 16cm×8cmの厚紙を、線のとおりにハサミで切る。

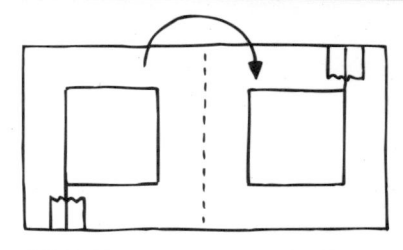

② 切れ目をセロハンテープで留め、二つ折りにして周囲と内側にセロハンテープをはる。

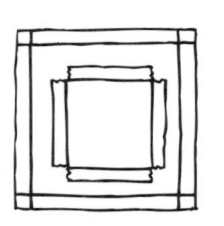

③ 対角の角に、端から2cmの所にそれぞれ切り込みを入れる。

④ 角に輪ゴムを引っ掛けて、5円玉の穴に通す。

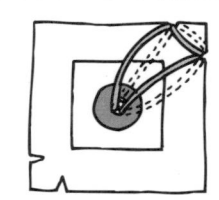

⑤ 輪ゴムを裏側に回して、角に引っ掛ける。

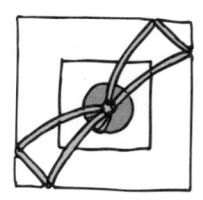

⑥ 反対側も同様にする。

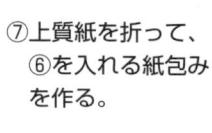

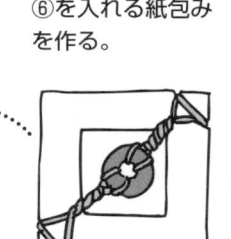

⑦ 上質紙を折って、⑥を入れる紙包みを作る。

開けようとするとびっくり！

⑧ 5円玉を20〜30回巻いてから入れる。

遊び方のバリエーション
びっくりプレゼント

リボンを掛けて、プレゼントにしてみては？

第1章　作ろう！遊ぼう！

⑨ ミニ科学大集合!

●輪ゴムがはじけて パッチンピョ〜ン

二つ折りにした紙が、思いきりジャンプするよ。
指で押さえつけて離すと、パッチンと音がして、
輪ゴムの力でピョーンとジャンプ！

用意するもの
【素材】・工作紙（5cm×6cm）2枚 ・輪ゴム（14〜16番）1本
【用具】・ハサミ ・セロハンテープ ・色紙 ・のり ・フェルトペン

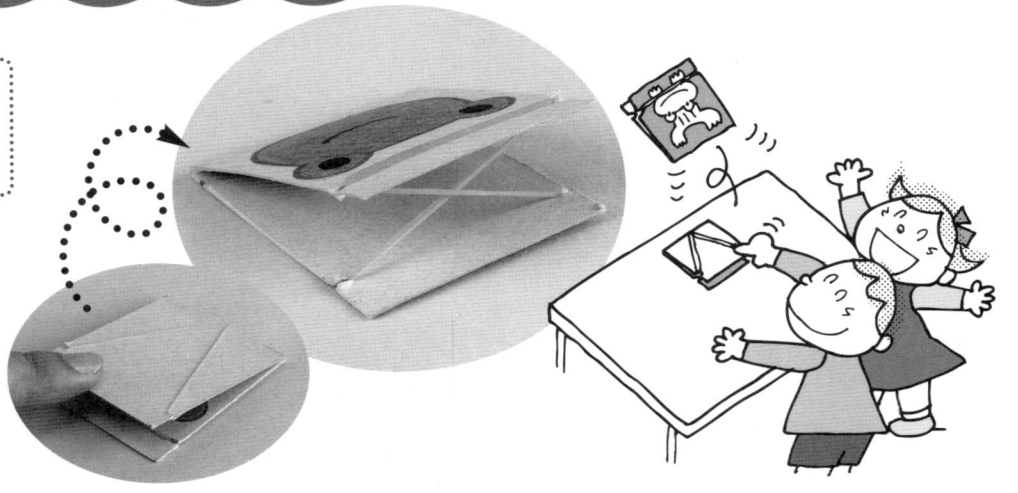

素
- 工作紙が湿っていると、うまくいかない。
- 紙がしなるようなら、もう1枚重ねてセロハンテープでつなぎ、2倍の厚みにする。

作り方

① 工作紙2枚を図のように1mmの間隔を空けて並べ、セロハンテープでつなぐ。
（1mmのすき間／セロハンテープで1周巻く。）

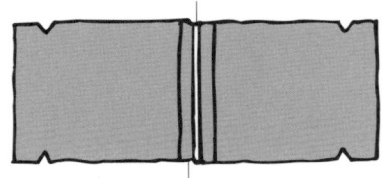

② 両端からそれぞれ1cmの所に切り込みを入れて、色紙を切ってはったり、フェルトペンで模様をかく。

③ 輪ゴムを裏側でクロスさせながら、切り込みに引っ掛ける。

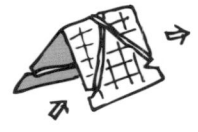

絵が内側になるように二つ折りにして押さえ、手を離すと、ゴムが元に戻ろうとする力でジャンプする。

●ちょっとアレンジ
びっくり箱

用意するもの
【素材】・牛乳パック1本 ・空き箱 ・輪ゴム（14〜16番）3本
【用具】・ハサミ ・セロハンテープ ・色紙 ・木工用接着剤 ・油性フェルトペン

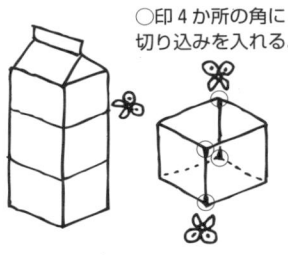

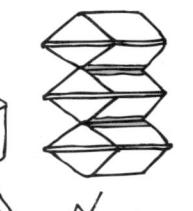

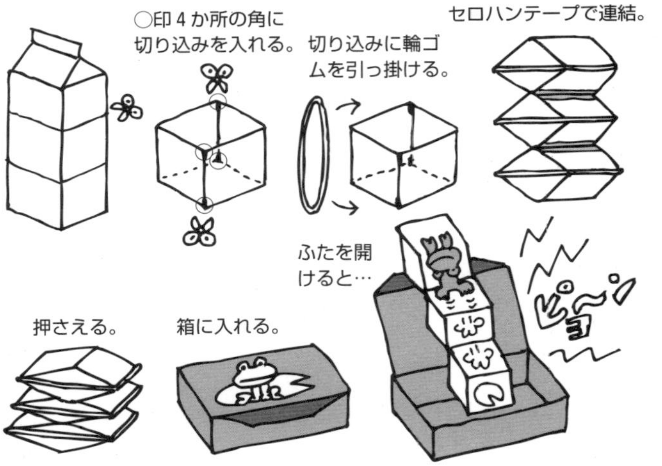

○印4か所の角に切り込みを入れる。切り込みに輪ゴムを引っ掛ける。
セロハンテープで連結。

押さえる。　箱に入れる。　ふたを開けると…

遊び方のバリエーション
カエルのチャンピオン

模造紙に絵や目盛りの線をかいて、だれがチャンピオンになるか、ジャンプを競い合いましょう。

◆ミニ科学大集合!◆

●空気満タン シャッキリ人形

紙コップの中に隠れているのはだーれ？ 空気をいっぱい吹き入れて、シャッキリポン！ と飛び出させてみよう！

用意するもの
【素材】●紙コップ1個●傘用ポリ袋1枚●ストロー（直径6mm）1本●毛糸●カラーセロハン
【用具】●ハサミ●セロハンテープ●油性フェルトペン●きりまたはカルコなど

★空気を抜いた状態から一気に息を吹き込み、人形をシャキッと立たせるあそびです。

作り方

作 セロハンテープで固定する。

①紙コップにカルコで穴を空け、鉛筆などで穴を大きくし、ストローを通して固定する。

②紙コップに傘用ポリ袋をかぶせ、セロハンテープではる。空気がもれないか、膨らませて確認する。

作 片側につまむようにはる。

③セロハンテープを使って人形の形を作り、油性フェルトペンやカラーセロハンで顔や模様をつける。

●輪ゴムパワー ポヨヨンロケット

発射台にセットして、しっかりとゴムを引いてスタンバイ。「5・4・3・2…」とカウントダウンに合わせて手を離すと、まっすぐに飛んでいきます。

用意するもの
【素材】●トイレットペーパーのしん1個●広告チラシ2枚●輪ゴム1本●色紙
【用具】●ハサミ●セロハンテープ●のり●フェルトペン

★ロケットを棒の上から差し込み、筒に引っ掛けながら下に引っ張ります。ゴムが伸びきったところでパッと手を離すと、ポヨヨンと飛んでいきます。

作り方

①トイレットペーパーのしんに色紙をはったり、フェルトペンで模様をかく。

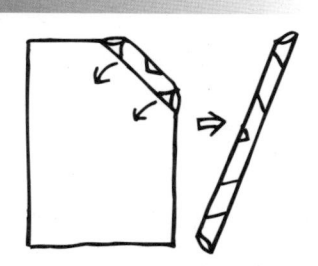

②広告チラシを図のように角から巻いて棒状にし、セロハンテープで留める。

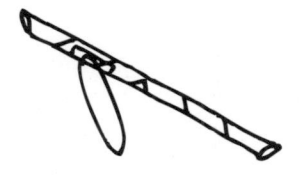

③②の上から1/3くらいの所に、輪ゴムをしっかりつける。

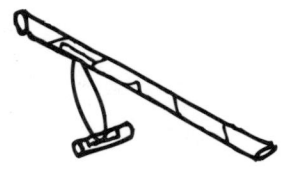

④棒をもう1本作って真ん中より上のじょうぶな所に輪ゴムで留める。

第1章 作ろう！遊ぼう！ 83

●振動が伝わる 糸電話

相手の声が、糸を通して伝わってくるよ。ポピュラーなおもちゃだけど、たくさんつないで話すこともできるんだよ、知ってた？

用意するもの
【素材】●紙コップ2個 ●太めの木綿糸（2mくらい）1本 ●色紙
【用具】●ハサミ ●セロハンテープ ●きりまたはカルコなど ●フェルトペン

遊 糸をピンと張っておくことが大切。

作り方

①紙コップの底に、カルコで穴を空ける。

②①の穴に木綿糸を通して、先を図のようにセロハンテープでクルクルと巻く。

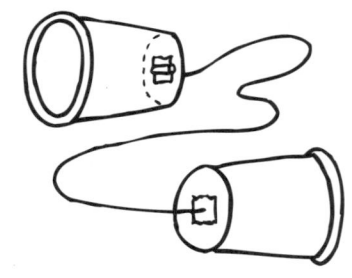

③巻いた糸の先を、紙コップの底にセロハンテープで固定する。もう一つの紙コップも同様。

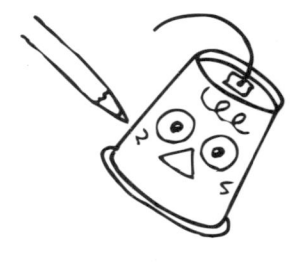

④紙コップに色紙を切ってはったり、フェルトペンで模様をかく。

遊び方のバリエーション

電話会議ごっこ

クリップでつなぐと、三人や四人でも話ができます。

伝言ゲーム

言葉を順番に伝える伝言ゲームをしても楽しいですね。

◆ミニ科学大集合!◆

● ちょっとアレンジ ●

宇宙人との交信

用意するもの
- 【素材】• 紙コップ2個 • ペットボトル（2000cc）2本 • 針金（18番・1mくらい）1本 • ラップのしん（直径2～3cm）1本
- 【用具】• 金のこ • セロハンテープ • ビニールテープ • きりまたはカルコなど

作り方

①ラップのしんに針金を巻きつけ、コイル状にする。

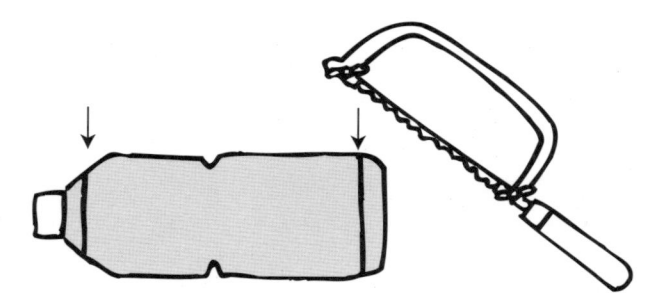

● 保育者のサポートで ●

②ペットボトルの底と口の部分を、切り取る。

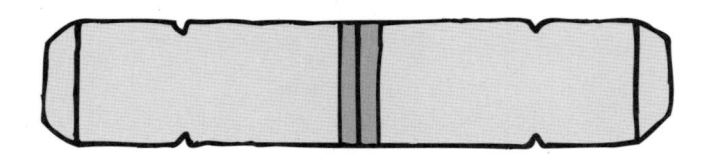

③ペットボトルの底同士を合わせ、図のようにビニールテープで巻いてつなぐ。

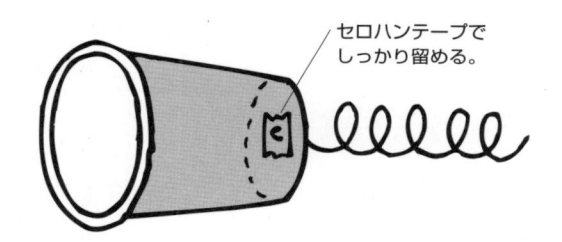

④紙コップの底にカルコで穴を空け、①の針金を通してセロハンテープで留める。

⑤③に④を通して、反対側の紙コップの底の穴にも針金を通し、セロハンテープで留める。

遊び方のバリエーション

宇宙語でしゃべろう

逆さ言葉で話したりして遊びます。

第1章 作ろう！ 遊ぼう！

●ポリ袋で 三角パラシュート

ゴミ用のポリ袋が、三角おばけに大変身！
空からフワフワと下りてくるよ。

用意するもの
- 【素材】●ゴミ用ポリ袋（厚さ0.025mm以下のもの）1枚 ●たこ糸（1.2m）1本 ●粘土または5円玉
- 【用具】●ハサミ ●セロハンテープ ●油性フェルトペン

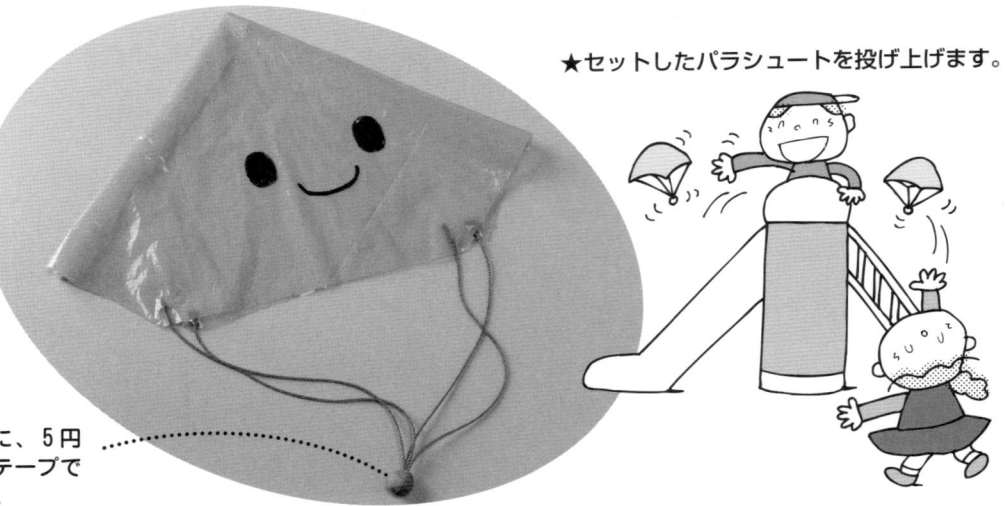

遊 パラシュートのセットの仕方

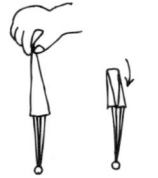

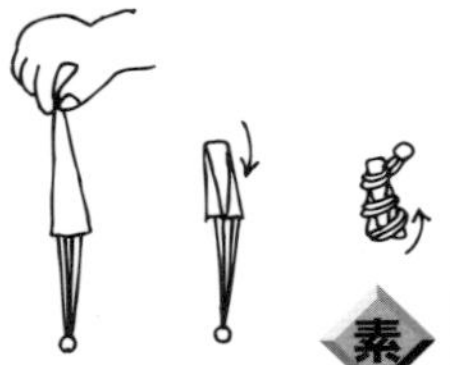

素 粘土の代わりに、5円玉をセロハンテープでつけてもよい。

★セットしたパラシュートを投げ上げます。

作り方

① ポリ袋の角を、底から25cm×25cmの大きさに切る。

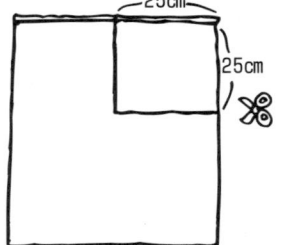

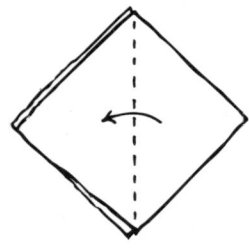

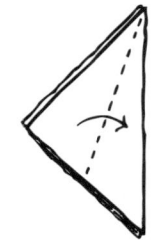

② つながっている2辺を上にして半分に折り、さらに図のように半分に折って、下に出た三角の部分を切り取る。

③ 袋を広げて裏返し、油性フェルトペンで顔をかき、下の角（表裏各4か所）に、たこ糸をセロハンテープではる。

作 たこ糸の先にセロハンテープをはっておいてからポリ袋にはると、うまくはれる。

④ 頭の先をつまんで下に垂らし、糸の長さが25cmの所で固結びをする。

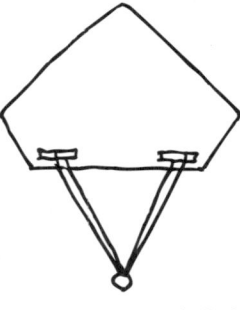

⑤ 糸の結び目に、親指大の粘土をつける。

遊び方のバリエーション
ピンポイント着地ゲーム

地面に大きく的をかいて、着地したときの点数を競い合って遊びましょう。

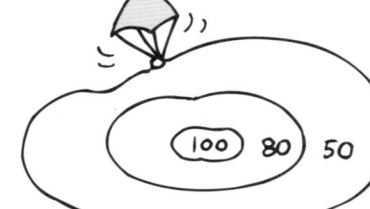

◆ミニ科学大集合!◆

●ペットボトルで 水中エレベーター

浮き上がったり沈んだり、エレベーターみたいに上下に動く魚たち。強く押したり、弱く押したり、ゆっくり押したり、押し方によって動き方も変わるよ。

用意するもの
【素材】●ペットボトル(丸形)1本 ●魚形のしょうゆ入れ1個 ●細長いソース入れ1個 ●六角ナット(M3)2個 ●スズランテープ(3cm)1本
【用具】●ハサミ ●糸 ●セロテープ

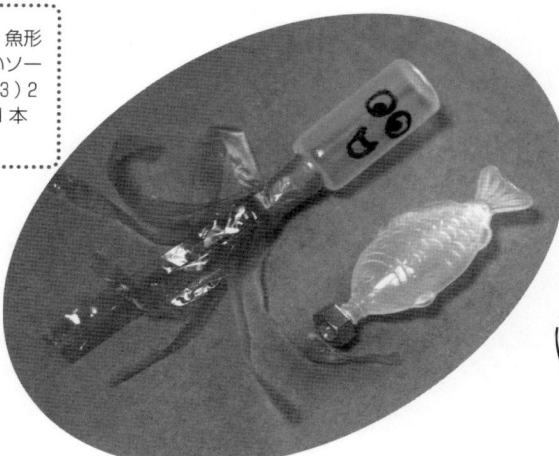

★ペットボトルを両手で持ち、強く押すと中の魚たちが浮き上がり、緩めると沈みます。

作り方

①ペットボトルの9分目くらいまで水を入れる。

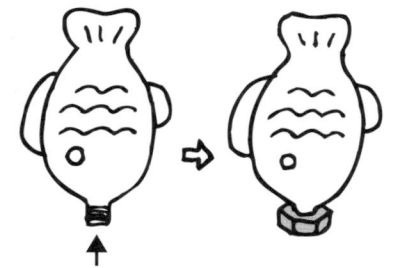

②魚形のしょうゆ入れの先に、M3の六角ナットをつける。

③細長いソース入れの先に六角ナットをつける。

④スズランテープを細く裂き、③のナットの周りなどにつけてセロハンテープで巻く。もしくは両面テープではりつける。

⑤①に②と④を入れ、ふたをしっかりと閉めて出来上がり。

遊び方のバリエーション

上がって下がってダンス

★ペットボトルを押す力かげんで、勢い良く上がったり下がったりします。また、小刻みに押すことで、ダンスをさせることもできるでしょう。

第1章 作ろう! 遊ぼう!

●絵が動く クルクルアニメ

歩いたり止まったり、ばんざいしたり腕を下げたり…。絵がいつの間にか変化するよ。どんな変化がいいか、楽しいアイデアを考えてね。

用意するもの
【素材】●画用紙（7㎝×28㎝）1枚 ●画用紙（6㎝×6㎝）2枚 ●割りばし1/2膳
【用具】●ハサミ ●セロハンテープ ●クラフトテープ ●フェルトペン

★割りばしを両手で挟んでクルクル回すと、表と裏の絵が連続して動いているように見えます。

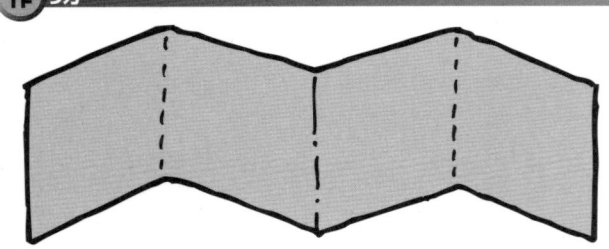

作り方

① 7㎝×28㎝の画用紙を、図のようにじゃばら折りにする。

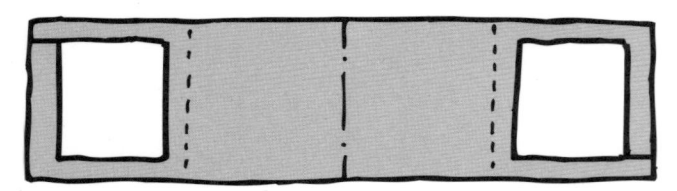

② ①を開いて、図の実線のとおりに切り、窓にする。

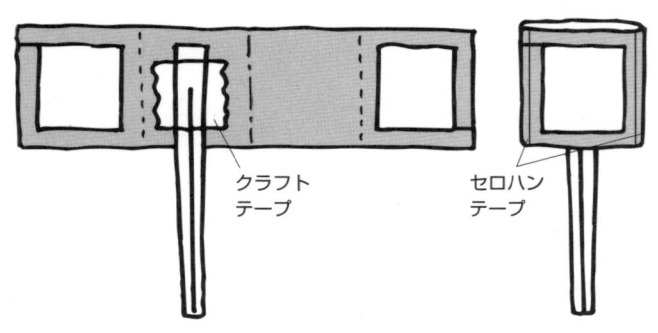

③ 図の位置に、クラフトテープで割りばしを固定する。

クラフトテープ

④ ①のときと同じように折り畳んで、両端をセロハンテープで留める。

セロハンテープ

⑤ 6㎝×6㎝の画用紙に絵をかく。

⑥ ④の窓（表裏）それぞれに、⑤の絵を差し込んで出来上がり。

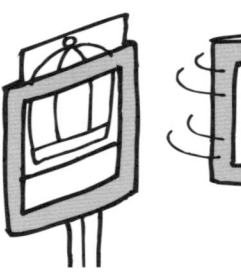

遊び方のバリエーション

ミニアニメ
★絵が動いているように見える、アニメーションの基本。

マジック
★目の錯覚で、鳥が鳥かごに入っているように見える。

色混ぜ
★目の錯覚で、二色が混ざって見える（赤と青なら紫、青と黄なら緑、黄と赤ならオレンジ）。

赤 青

◆ミニ科学大集合!◆

●光のプリズム ミニ万華鏡

万華鏡の中は、光が織りなす幻想の世界。同じ模様は二度とできないんだよ。不思議だね。

用意するもの
【素材】・トイレットペーパーのしん1本・はがき1枚・アルミホイル・ラップ・ビーズやスパンコール・色紙や千代紙・濃い色の色紙
【用具】・ハサミ・セロハンテープ・のり・ラミネーター・穴空けパンチ・定規・カッターナイフ

★万華鏡を光に向けて、穴をのぞきながらクルクル回します。

素 ビーズなどの代わりにビー玉を入れてもよい。光のかげんで、しま模様がきれいに見える。

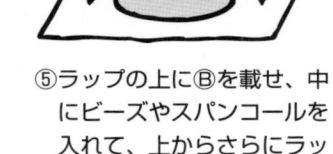

作り方

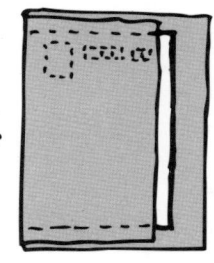

① はがきの上にアルミホイルを、光沢のある面を上にしてかぶせ、ラミネート加工をする。

② ①を図のように三角柱に折り、セロハンテープで留める。

作 定規を当てて、カッターナイフの裏で折り筋を入れておくと折りやすい。

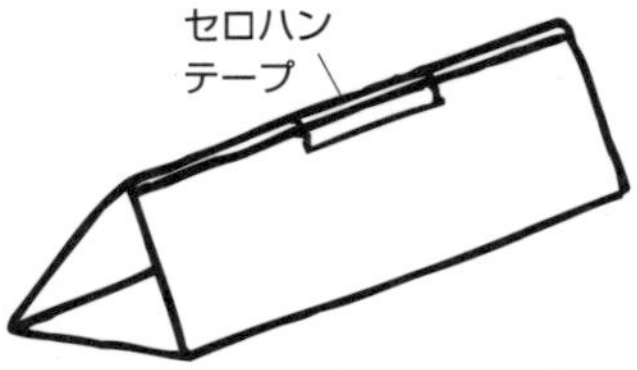

③ トイレットペーパーのしんを、5mm幅に切り取る。

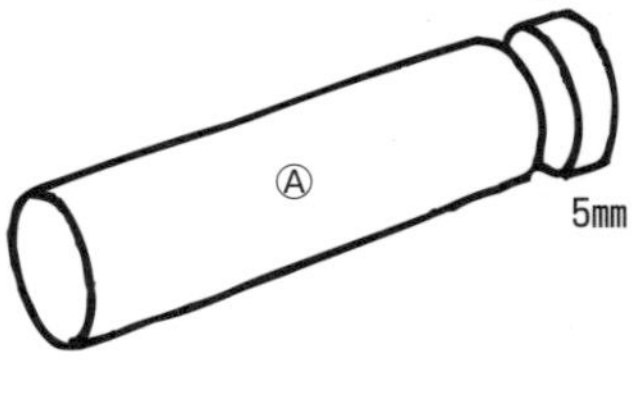

④ ②をⒶの中に入れる。

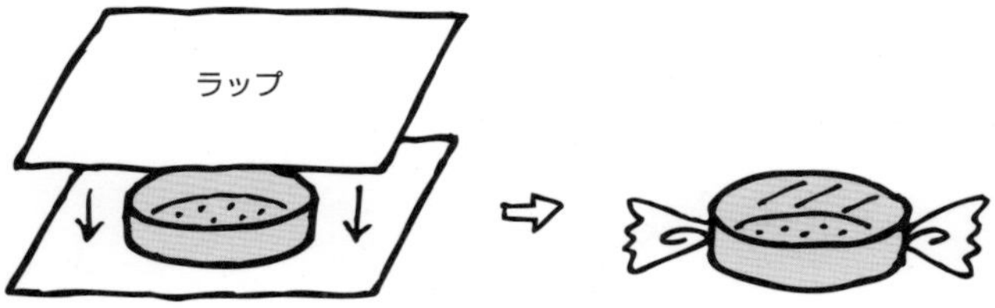

⑤ ラップの上にⒷを載せ、中にビーズやスパンコールを入れて、上からさらにラップをかぶせる。

⑥ 上下のラップをピンと張る。

⑦ ④に⑥を合体させる。

⑧ 濃い色の色紙に穴空けパンチで穴を空け、反対側にセロハンテープではる。

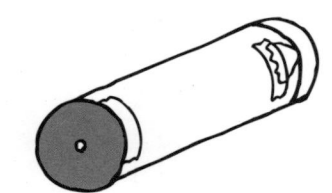

⑨ 筒の周囲に、色紙や千代紙を巻いて飾ると出来上がり。

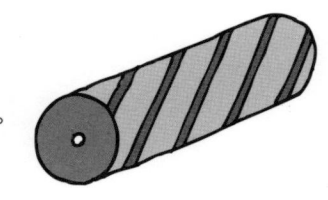

第1章 作ろう! 遊ぼう!

●息で吹き上がる
フワフワボール

ストローに息を吹き込むと、ピンポン玉が浮かび上がるよ。いつまで浮かべていられるかな？

用意するもの
【素材】• 曲がるストロー（直径6mm）1本 • 針金1本 • ピンポン玉 または発泡球
【用具】• ハサミ • セロハンテープ

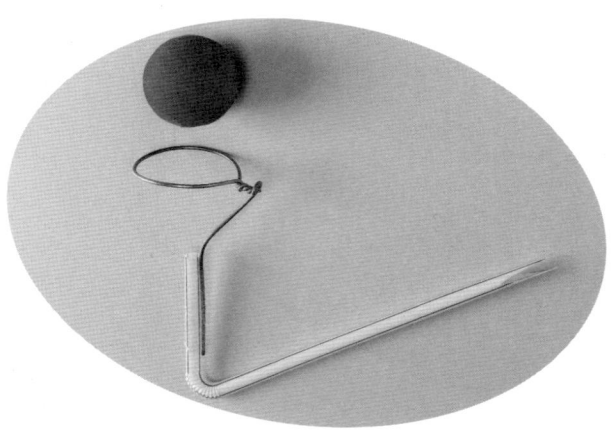

遊 強く吹いた方がピンポン玉が横にずれず、安定する。

★ストローから吹き上がる息で、ピンポン玉が浮き上がります。

作り方

①針金をピンポン玉の大きさに合わせて輪にし、図のように玉受けを作る。

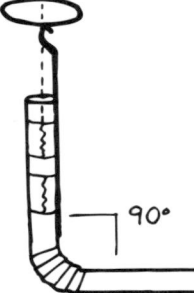

②ストローの先が輪の中心になるように調節して、セロハンテープで①を取りつける。

●ちょっとアレンジ●

グルグル玉受け
針金をグルグルと、上にいくほど広がるように巻いていきます。

スリット玉受け
ストローの先に2cmの長さで切り込みを入れて、外に開きます。

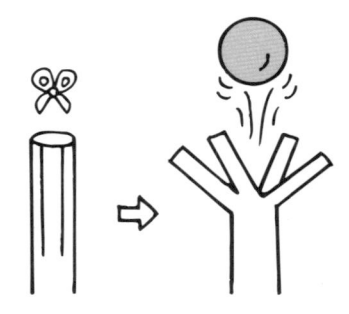

遊び方のバリエーション

宇宙遊泳フワフワリレー
地球をスタートして、宇宙ステーションで中継し、ゴールの月を目ざします。チームに分かれて競争しても楽しいでしょう。

◆ミニ科学大集合!◆

●ペットボトルで スケルトン遊覧船

ペットボトルって、船にぴったりの形だよね。
水車をつけて、ゴムの動力で進む遊覧船を作ろう!

用意するもの
【素材】・角形ペットボトル1本・割りばし2膳・牛乳パック(500cc)1本・輪ゴム2本
【用具】・ハサミ・カッターナイフ・ホッチキス・油性フェルトペン

作) 船に穴を空けて、紙コップで作った人形を入れてもおもしろい。

作) ペットボトルに切り込みを入れて挟んでいるので、割りばしがしっかり固定される。

★水車をグルグルと巻いて水に浮かべると、ゴムの力で船が進みます。

素) 分別が簡単にできる、エコロジカルおもちゃ。

作り方

①ペットボトルの両横各2か所に、カッターナイフで切り込みを入れ、割りばしを差し込む。

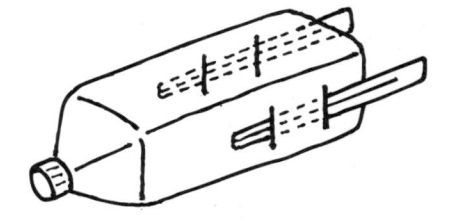

②牛乳パックを輪切りにし、図のように折り込んでホッチキスで留め、水車を作る。

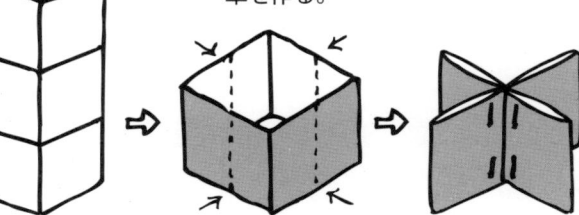

③輪ゴムを割りばしと水車に掛け、2回回してもう一度掛ける。

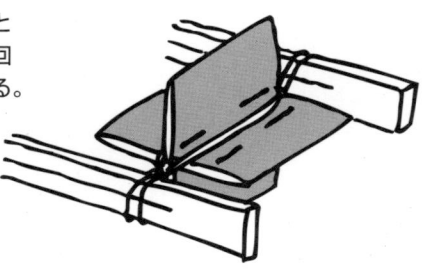

④油性フェルトペンで、ペットボトルに絵や模様をかいて出来上がり。

●ちょっとアレンジ●

合体ボトル船
★ペットボトルの両側に、アルミボトルなどをビニールテープで合体すると、もっとかっこいい船ができます。

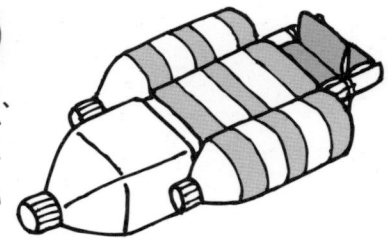

牛乳パック船
★牛乳パック(1000cc)を船体として使っても、簡単な船ができます。

第1章 作ろう! 遊ぼう!

⑩ 伝承おもちゃで遊ぼう！

●縮んで伸びて ブンブンごま

四角い形でも、回すと丸く見えるよ。風を切って、ブンブン鳴らしながら回そう！

用意するもの
- 【素材】・工作紙（5㎝×16㎝）1枚
- ・たこ糸（1m）1本
- 【用具】・ハサミ・セロハンテープ
- ・定規・きりまたはカルコ
- など・油性フェルトペン

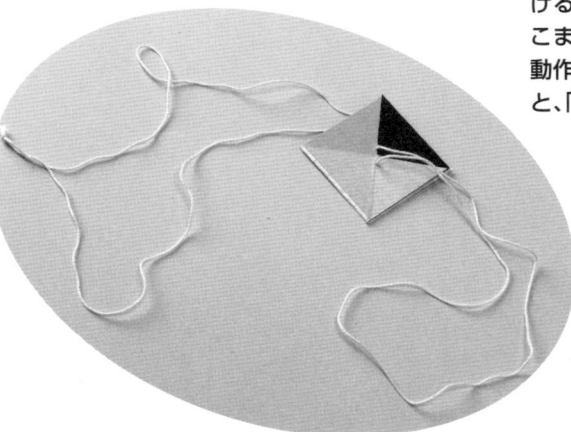

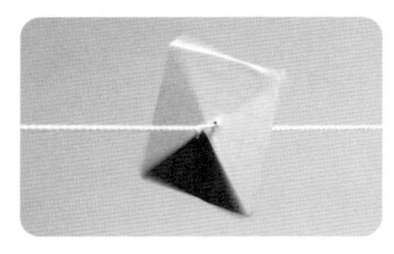

遊 回すときは、糸が常に一直線になるようにする。

★勢い良く左右に糸を引き、糸のねじれがほどけるタイミングを見計らって糸を少し緩め、こまが逆回りし始めたらまた引きます。この動作の繰り返しでこまの回転を速くしていくと、「ブーン、ブーン」と音が鳴ります。

作 赤・青・黄の組み合わせで配色すると、回転したとききれい。

作 たこ糸の両端に紙を巻いておくと、糸が指に食い込まず、痛くない。

作り方

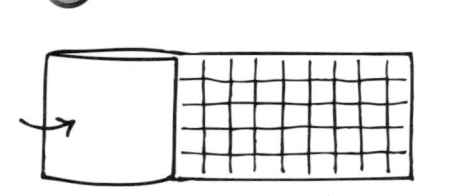

① 工作紙を、5㎝の幅で三つ折りにする。

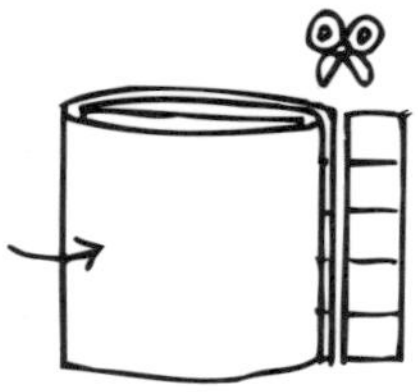

② はみ出た部分はハサミで切り取る。

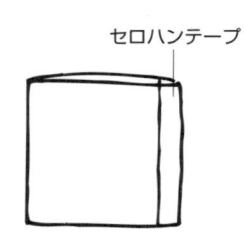

③ ②の端（開いた方）をセロハンテープで留める。

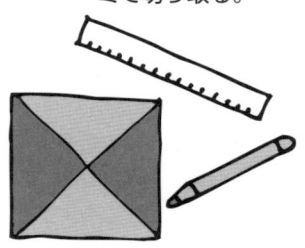

④ ③に対角線を引き、油性フェルトペンで色を塗り分ける（両面）。

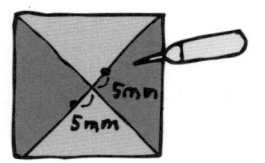

⑤ 中心から対角線上左右5㎜の所に、それぞれカルコで穴を空ける。

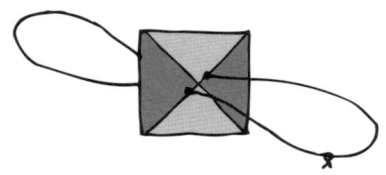

⑥ 穴にたこ糸を通して結ぶ。

●ちょっとアレンジ●

変わった音のブンブンごま

こまの両端に、図のように細いストローをつけると、ブンブンという音に加えて、変わった音が鳴ります。

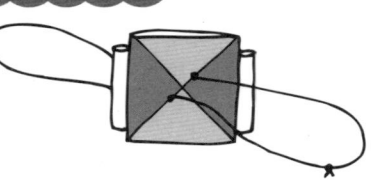

いろんなブンブンごま

ボタンや牛乳パックの底、竹なども回してみましょう。

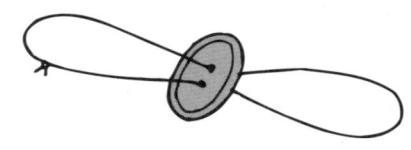

遊び方のバリエーション

輪になって回そう

こまを片手に持ち、3人4人と人数を増やして、輪になって回しても楽しいです。

遊 糸の長さをそろえるとやりやすい。

◆伝承おもちゃで遊ぼう！◆

●風を受けて かざぐるま

風を受けてクルクル回るよ。フーッと息を吹いたり、手に持って走ったりして回そう！

【用意するもの】
- 【素材】•色紙1枚 •割りばし1膳 •つまようじ1本 •ストロー（直径4.5mm）1/3本 •色紙 •紙テープ
- 【用具】•ハサミ •セロハンテープ •きりまたはカルコなど

★窓辺などに置くと、自然の風を受けてクルクル回ります。また、手に持って走ると、さらによく回ります。

遊 こいのぼりやスズランテープをつけてもおもしろい。

作り方

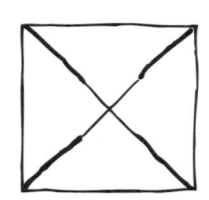

①色紙を対角線で折って折り目をつける。

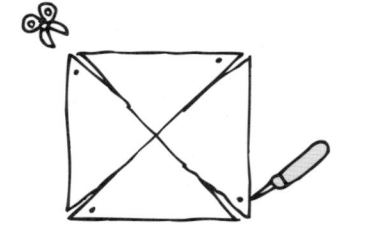

②四隅の角から折り目に沿って、1/3の所まで切り込みを入れ、•印の所にカルコで穴を空ける。

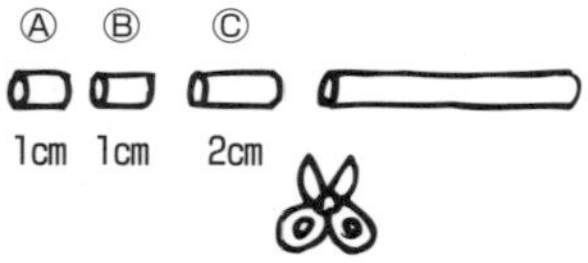

③ストローを1cmの長さに1本、2cmの長さに2本切る。
Ⓐ 1cm　Ⓑ 1cm　Ⓒ 2cm

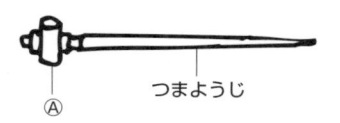

④Ⓐをつまようじの頭の所まで刺す。

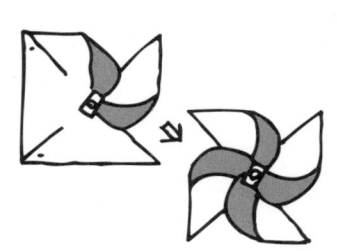

⑤②の色紙の穴を順に重ねて、④のつまようじを刺す。

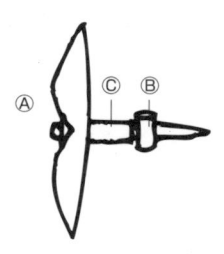

⑥⑤のつまようじ部分にⒸを通し、Ⓑを刺す。

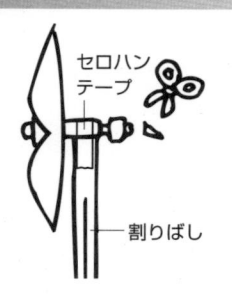

⑦割りばしにⒸの部分をセロハンテープで固定し、突き出たつまようじの先をハサミで切り落とす。

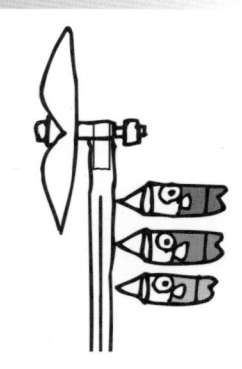

⑧色紙や紙テープを使って、模様を飾ると出来上がり。

●ちょっとアレンジ●

8枚羽根かざぐるま

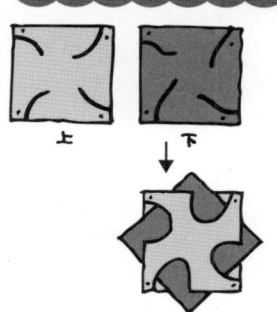

★色違いの色紙2枚に図のような切り込みを入れ、組み合わせて作ります。

第1章 作ろう！遊ぼう！ 93

●色紙で だまし船

昔からある色紙のおもちゃだよ。帆先を持っていたはずなのに、いつの間にか船先に変わってる！

用意するもの
【素材】・色紙1枚

遊 ふたり1組で遊ぶ。だます人が船体を持って、相手に差し出す。

だまし船のからくり

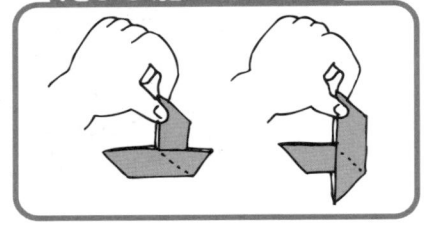

★相手に帆先を持たせて目を閉じてもらいます。その間に船の船尾を反対側に折り返すと、持っていた帆先が船先に変わるというしかけです。

遊 呪文を唱えて、あそびを楽しく盛り上げる。

作り方

色紙を、以下の順で折っていく。

① ②

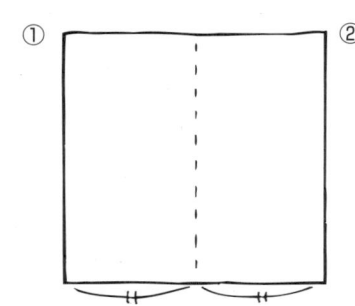

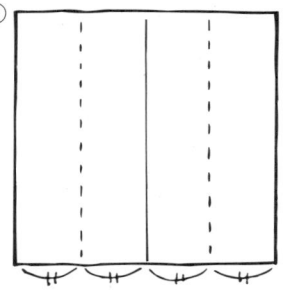

③ 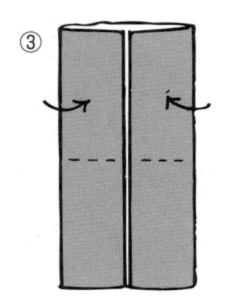 ④

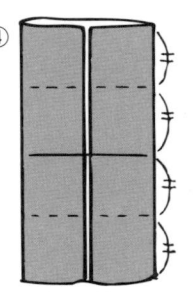

⑤ 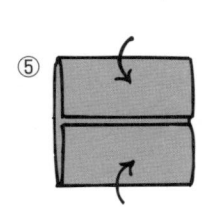 ⑥ 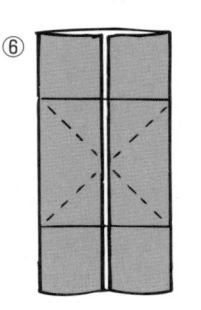 点線に沿って折り目をつける。

⑦ 点線に沿って折り目をつける。上の方も同様にする。

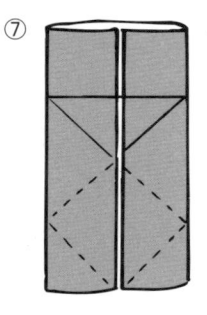

⑧ 下の部分を折り目に沿って広げる。

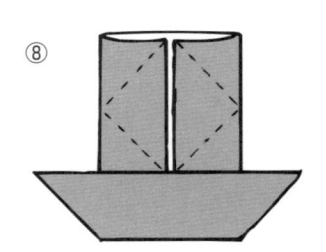

⑨ 同様に上の部分も広げる。

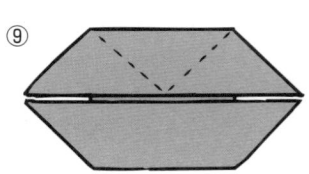

⑩ 片方を立てる。

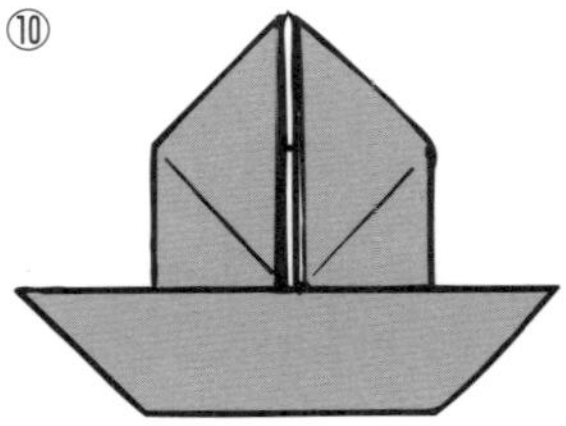

⑪ 裏返して、点線部分を折る。

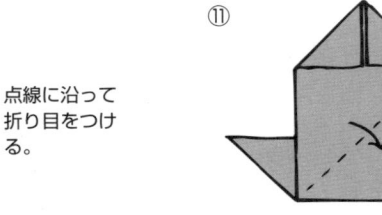

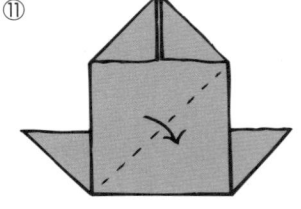

⑫ だまし船の出来上がり。

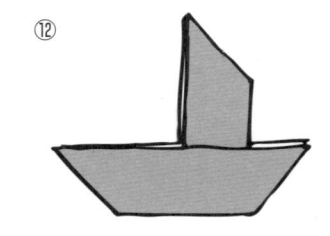

◆伝承おもちゃで遊ぼう！◆

●じゃばら折りで 六角返し

三角形に折った紙から、不思議な六角形のおもちゃができるよ。三つの場面の、おもしろい展開も考えてね。

用意するもの
【素材】• 上質紙（B4サイズ）1枚
【用具】• ハサミ・のり・フェルトペン

遊 動物の表情を変えていくと、よりいっそうおもしろい。

★開き方を工夫して、三つの絵や場面の変化を楽しみましょう。

作り方

① 上質紙を、5cmの幅に切る。

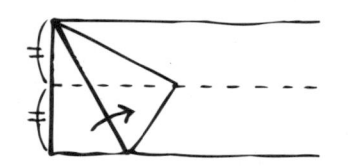

② 紙の真ん中に折り目を入れ、左下の角が折り目にくるように重ねて折る。

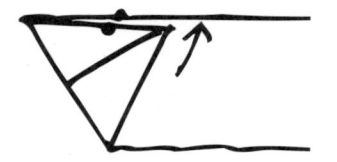

③ ②を裏返し、•印の辺を重ねて、正三角形になるように折る。

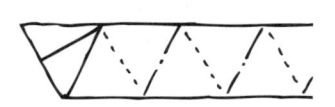

④ さらに裏返して③を繰り返し、じぐざぐに折っていく。

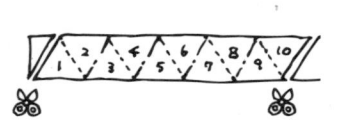

⑤ 最後まで折ったら紙を開いて、正三角形10個を残して両端を切る。

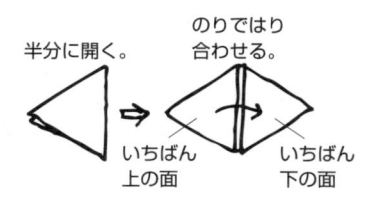

⑥ ⑤を折り畳み直し、真ん中で開くといちばん上の面といちばん下の面が出るので、そこをのりではり合わせる。

半分に開く。
のりではり合わせる。
いちばん上の面
いちばん下の面

⑦ のりが乾いたら、⑥を図のように六角形に開く（Ⓐ）。

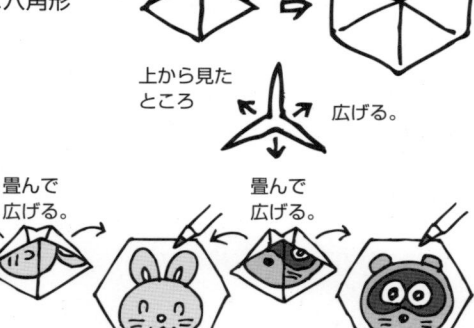

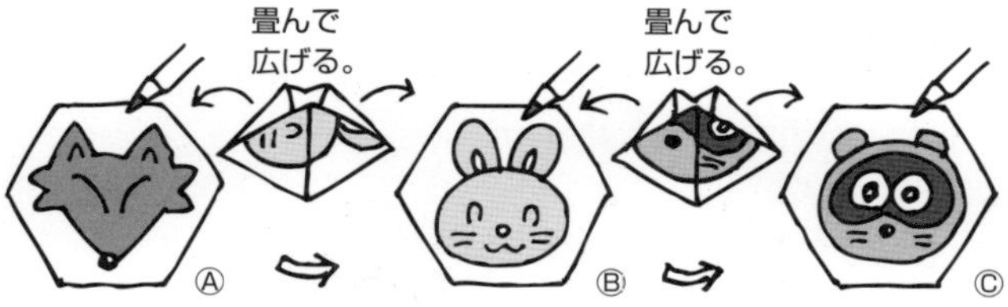

六角形の面
上から見たところ
広げる。
畳んで広げる。

⑧ Ⓐの面に絵をかいた後、中心部分が山になるように畳んで広げると、Ⓑの面が出るのでそこに絵をかく。同様にⒸの面にも絵をかく。

遊び方のバリエーション

3コマストーリー

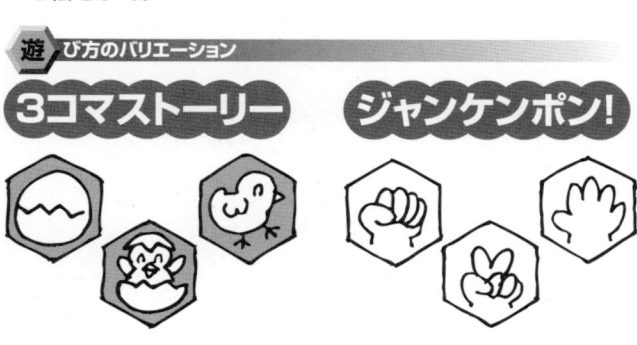

卵が…… かえって… ヒヨコさん

ジャンケンポン！

グー　チョキ　パー

第１章 作ろう！遊ぼう！　95

紙皿で でんでん太鼓

昔のおもちゃ「ガラガラ」がルーツ。棒をじょうずに手首で回すと、小さな玉が「いやいや」をするように振れて、ボツボツと太鼓をたたくよ。

用意するもの
- 【素材】●紙皿2枚 ●割りばし1膳 ●玉ビーズまたはアルミホイルを丸めた玉2個 ●たこ糸1本
- 【用具】●ハサミ ●セロハンテープ ●油性フェルトペン

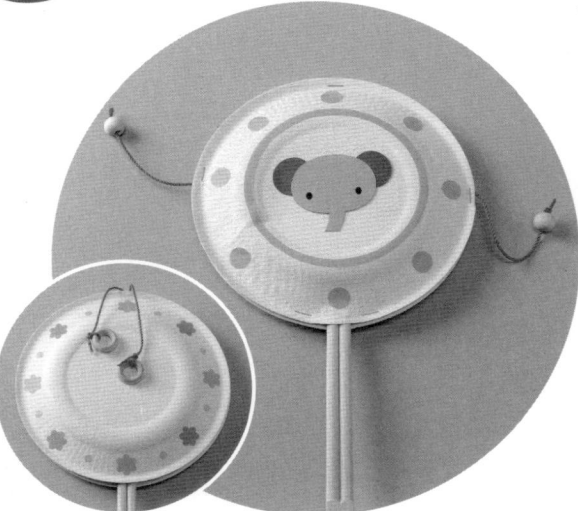

★割りばしを手首でクルクルと回転させると、ビーズ玉が紙皿に当たって音が鳴ります。

作
低年齢児には、玉を上につけて、上下に振ると鳴るようにする。

作り方

作 たこ糸は、玉が紙皿の中央に届く長さにする。

①割りばしの上から3cmくらいの所にたこ糸を固結びし、両端にビーズ玉をつける。

②紙皿の裏側に、好きな絵をかく。

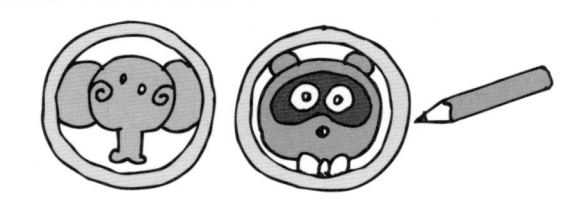

③絵をかいていない紙皿の裏に、セロハンテープで①をしっかりとはりつけ、絵をかいた紙皿を絵が表になるように合わせて、周囲をセロハンテープで巻いて、出来上がり。

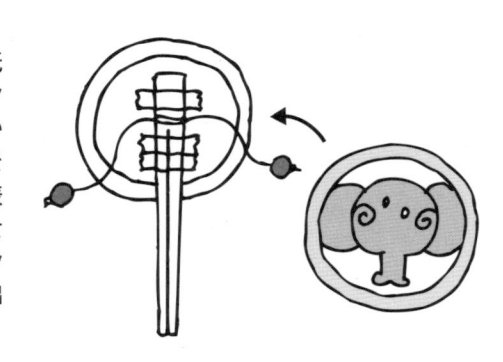

●ちょっとアレンジ●
うちわ太鼓
★うちわの周囲にたこ糸でビーズ玉をつけるだけで、簡単なでんでん太鼓ができます。

遊び方のバリエーション
運動会の応援合戦
★太鼓の色をチームカラーにしたり、いろんな太鼓を作って、応援合戦の鳴り物にしても楽しいでしょう。

◆伝承おもちゃで遊ぼう！◆

●和紙で ずぼんぼ

和紙の軽さやしなやかさが、ユニークな動きを醸し出しているよ。昔のままの素材で、江戸時代のおもちゃを再現しよう！

用意するもの
【素材】●和紙（染め紙を使うときれい）（18cm×23cm）1枚 ●和紙（1cm×10cm）4枚 ●色紙1枚 ●1円玉またはシジミの貝殻4枚
【用具】●ハサミ ●セロハンテープ ●のり ●定規 ●鉛筆 ●フェルトペン

素 1円玉の代わりにシジミの貝殻でもよい（昔はおもりにシジミの貝殻が使われていた）。

★部屋の隅に置いてうちわで勢い良くあおぐと、浮き上がったり宙返りしたりします。

作り方

①和紙に図のような展開図をかいて切り、組み立てて箱の形にする（胴体）。

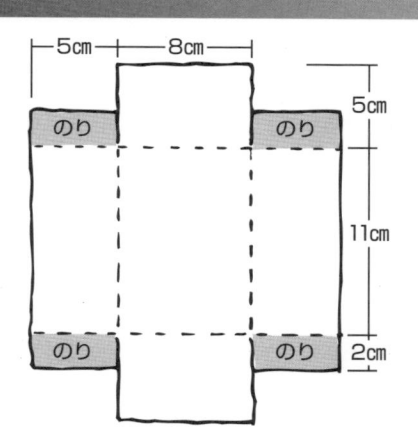

（5cm―8cm―のり／5cm／11cm／2cm）

②1cm×10cmの和紙の半分にのりをつけ、1円玉を巻く（足）。

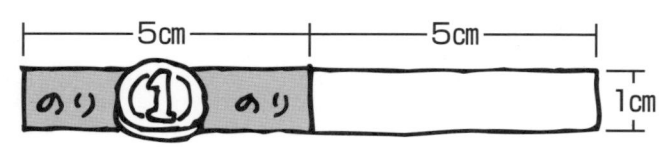

（5cm―5cm―1cm のり①のり）

③1円玉を巻いた後、補強のために両端をセロハンテープで巻く（足）。4本作る。

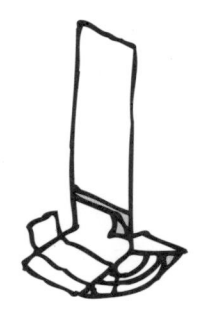

④②の裏側から図のように③をのりづけし、色紙に動物の顔をかいて切ったものをはり、しっぽもつける。

遊び方のバリエーション

ずぼんぼレース
ゴール

ずぼんぼジャンプ
★最初は床をうちわでたたくようにして、ずぼんぼが浮き上がったら一気にあおいで、高くジャンプさせましょう。

第1章 作ろう！遊ぼう！

●振動させて 紙ずもう

どちらが勝つか、はっけよい、トントントン！チョコチョコ動いて、ユーモラスなおすもうさん。紙箱をうまくたたいて対戦させてね。

用意するもの
- 【素材】
  - お菓子などの紙箱 1 個
  - 画用紙（10cm×10cm）1 枚
  - 画用紙（直径20cmくらい）1 枚
- 【用具】
  - ハサミ・セロハンテープ
  - のり・油性フェルトペン

「のこった！のこった！」

★箱の隅をトントンとたたくと、紙のおすもうさんが動いて、相手を倒したり、押し出したりします。

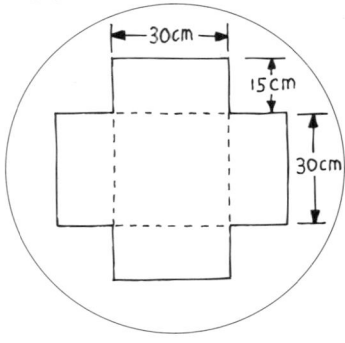

遊 四隅をたたくようにするのがコツ。

素 土俵は段ボールで作ってもよい。

作り方

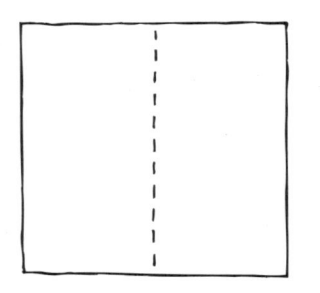

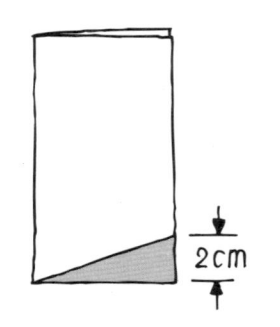

① 画用紙を二つ折りにして、図のように斜線の部分を切り取る。

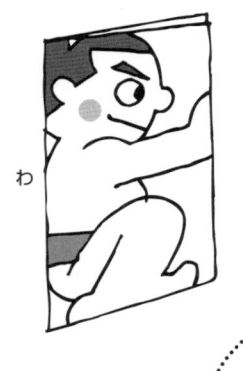

② 折ったわの部分がおすもうさんの背中になるように、両面に絵をかく。

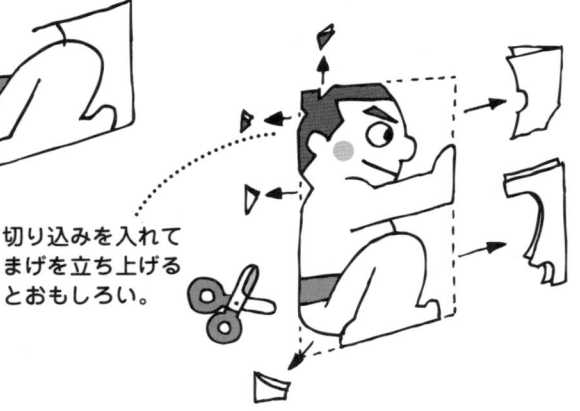

作 切り込みを入れてまげを立ち上げるとおもしろい。

③ 折ったまま絵の線に沿って切り抜くと、こまの出来上がり。

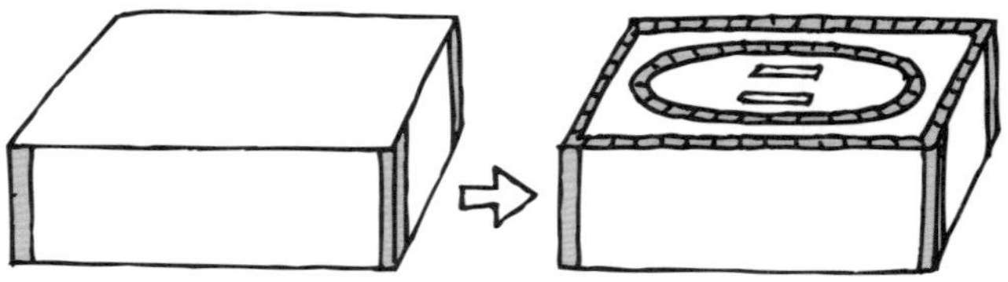

④ 箱の真ん中に、土俵の絵をかいた画用紙をはると、土俵の出来上がり。

遊び方のバリエーション

サバイバルずもう

大きめの土俵を作り、3〜4人で同時に対戦します。土俵から出たり倒れたら負け。最後まで残ったおすもうさんが優勝です。

◆伝承おもちゃで遊ぼう！◆

●紙でいろいろ たなばた飾り

短冊やちょうちん、星などを作って、たなばた祭りのササに飾ろう！　全部紙で作れるものばかりだよ。

用意するもの
- 【素材】• 色上質紙（Ａ４サイズ）１枚 • 色紙 • 段ボール • たこ糸
- 【用具】• ハサミ • セロハンテープ • のり • 穴空けパンチ • 油性フェルトペン

仲よし野菜
段ボールに絵をかいて切り抜く。

ほうき星
色紙を図のように折って切る。
スズランテープ

作り方

お願い人形短冊
①Ａ４サイズの色上質紙を、横1/4に切る。 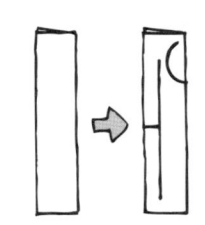
②①を縦半分に折り、太線に沿って切る。

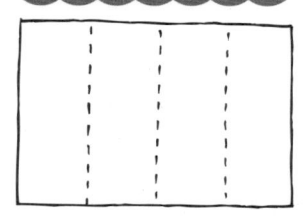

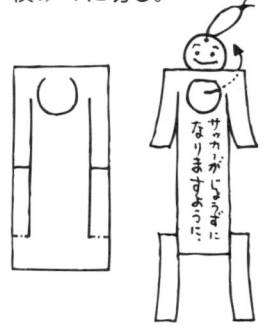

●ちょっとアレンジ●

ゾウさん
鼻は鉛筆などに巻きつけて丸める。

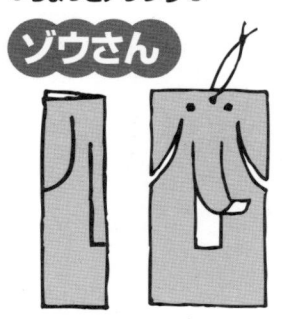

②開いて図のように折り、頭の部分に穴空けパンチで穴を空け、たこ糸を通す。

ちょうちん
①色紙を半分に折る。 
②図のように切り込みを入れる。 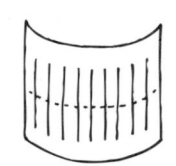
③②を巻いて筒にし、のりづけする。 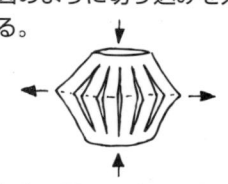
④左右に開き、上下に押して膨らみをつける。 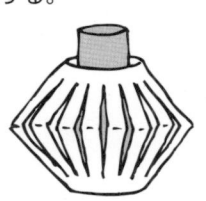
⑤筒を作って④の中に入れる。 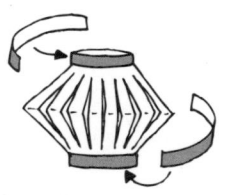
⑥帯を２本作り、上下に巻くと出来上がり。

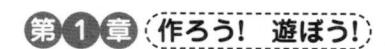

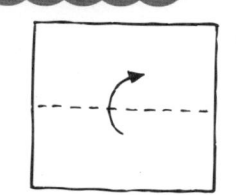

第１章　作ろう！遊ぼう！　99

●ポリ袋で ダイヤだこ

糸目が1本の簡単なしくみのダイヤだこだよ。たこ糸に伝わる風の手ごたえを感じながら、糸を引いたり緩めたり。空高くたこを揚げよう！

用意するもの
【素材】・カラーポリ袋（30cm×30cm）1枚 ・ビニール（2cm×1m）2本 ・ビニールタイ（袋の口などを縛る、針金入りのビニールひも）1本 ・竹ひご（直径2mm長さ30cm）2本 ・たこ糸

【用具】・ハサミ ・セロハンテープ ・きりまたはカルコなど ・油性フェルトペン

★たこが風を受けるように、風に背を向けて立ち、10mくらい糸を出して、引っ張るようにして風に乗せます。

作
横骨の竹ひごは、少し反らせて角度をつけると良く揚がる。
※難しいときは、次のメーカーで入手可能。
Wind Love　http://www.windlove.net/

上から見た図　前／後ろ

作り方

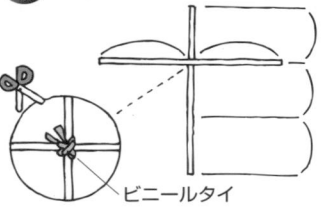

① 竹ひごを図のように十字に組み合わせ、ビニールタイでくくる。

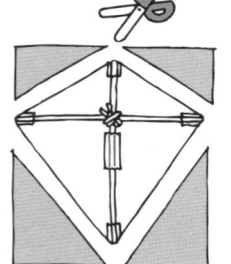

② ポリ袋の上に、横骨が下になるように①を置く

③ 竹ひごをポリ袋にセロハンテープではり、ポリ袋の余った部分を図のように切り取る。

④ たこ糸30cmを、輪にして結ぶ（2本）。

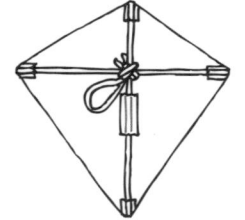

⑤ 竹ひごが交差した位置にカルコで穴を空け、表と裏から竹ひごの交点に④を結びつける。

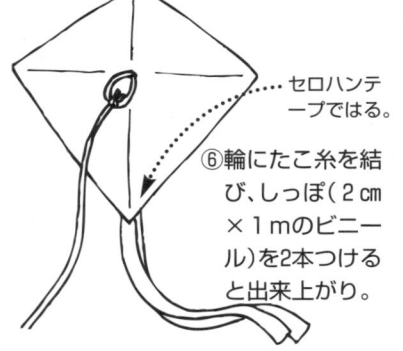

⑥ 輪にたこ糸を結び、しっぽ（2cm×1mのビニール）を2本つけると出来上がり。

セロハンテープではる。

●ちょっとアレンジ●

連だこ　たくさんのたこを、1m間隔でたこ糸でつないでいきます。

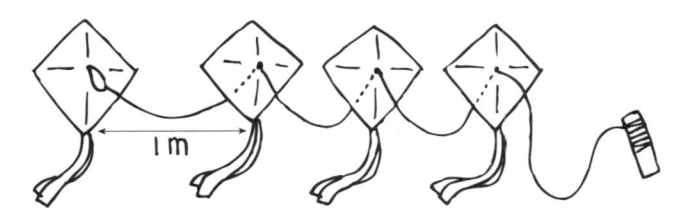

遊び方のバリエーション

連だこを飛ばそう
電線のない広い場所で、連だこを飛ばして遊びましょう。

◆伝承おもちゃで遊ぼう！◆

●割りばしで コイの滝登り

江戸時代から伝わるおもちゃの一つ。ゴムの力で巻き取りのしかけが動き、コイがスルスルと滝を登っていくよ。

用意するもの
【素材】・ボール紙（6cm×5cm）1枚 ・色紙1枚 ・白上質紙（1cm×20cm）1枚 ・割りばし3膳 ・たこ糸（20cm）1本 ・輪ゴム3本
【用具】・ハサミ ・セロハンテープ ・ホッチキス ・のり ・木工用接着剤 ・きり ・フェルトペン ・鉛筆

作 帯に縦じまの模様をかいて滝のようにすると、雰囲気が出る。

★強く握ったり緩めたりすると、コイが滝を登るようにスルスルと動きます。

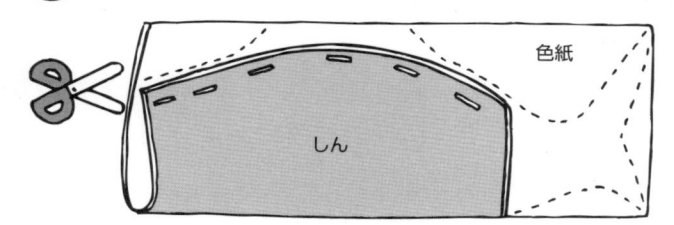

作り方

①ボール紙を膨らませるように曲げてホッチキスで留めて胴体の形に切る（図の点線の部分）。それを色紙でくるんでコイの形に切り、好きな模様をかいてから全体をのりづけする。

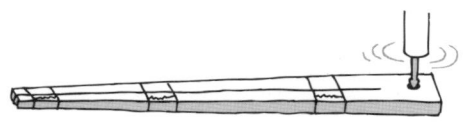

●保育者のサポートで

②割りばし3か所にセロハンテープを巻き、太い方に1.5cm間隔で穴を二つ、きりで空ける。これを2本作る。

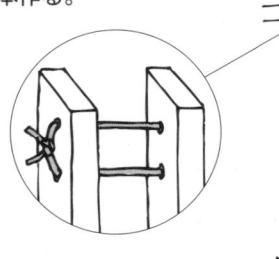

③割りばしを7cmの長さに2本切り、②と図のように輪ゴムで組んだ後、空けた穴にたこ糸を通して固結びする。

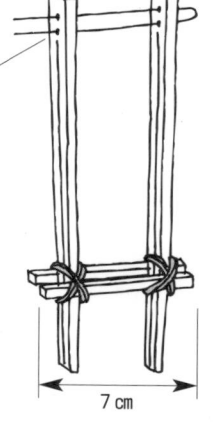

④白上質紙の帯をたこ糸に巻いて木工用接着剤ではり、乾いたら糸をねじりながら巻いていく。帯の端をコイの口に木工用接着剤で接着し、割りばしの下の部分に輪ゴムを巻いて出来上がり。

●ちょっとアレンジ●
ロケット発射

★コイの代わりにロケットで作っても楽しいでしょう。ほかにもいろんなアイデアを考えてみましょう。

第1章 作ろう！遊ぼう！

⑪ お部屋を飾ろう！

●和紙やティッシュペーパーで アートな染め物

保育参観や発表会のときはもちろんだけど、ふだんでもお部屋がきれいに飾られていたらすてきだね。染め物を使って、アートな室内装飾をしてみよう！

用意するもの
- 【素材】・ティッシュペーパー ・染め用和紙 ・水性フェルトペン ・染料（ダイロンコールド）または食紅3～5色
- 【用具】・新聞紙 ・小皿や発泡トレイ ・割りばし ・輪ゴム
- ※ダイロンコールドは、画材店や手芸店で売っている。

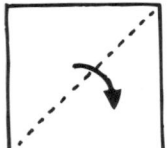

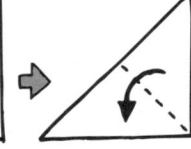

水性フェルトペンを使って

①ティッシュペーパーを1枚はがし、三角に折っていく。

②新聞紙の上に①を置き、水性フェルトペンでゆっくり色を染み込ませるようにして染め、破れないようにていねいに開いて乾かす。

作 フェルトペンを動かさずに、上に置いてじっくり染み込ませる。

染料を使って

和紙をいろんな折り方で折って、市販の染料や食紅を使って染める。

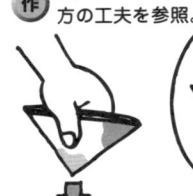

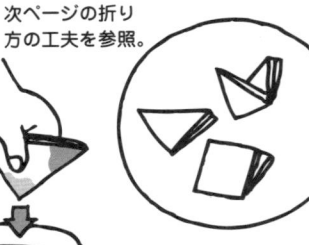

作 次ページの折り方の工夫を参照。

素 ダイロンコールドを使うと、発色がきれいになる。

◆お部屋を飾ろう！◆

折りを工夫して 三角折り

① 3〜4cm幅でじゃばら折りにする。

② ①をさらに三角形にじゃばら折りする。

③ 三角形の直角の角を染料に浸して染める。

折りを工夫して 四角折り

① 「三角折り」の①の後、四角形にじゃばら折りする。

② 四角形の四隅を染料に浸して染める。

作 割りばしに挟んで浸すと、手が汚れない。

折りを工夫して 斜め三角折り

① 和紙を二つ折りした後、図のように三角形にじゃばら折りする。

② 適当な形に折り、角や辺を染料に浸して染める。

第１章 作ろう！遊ぼう！

●切り抜いて 花火ピクチャー

用意するもの
【素材】・ティッシュペーパー・水性フェルトペン・黒色画用紙
【用具】・ハサミ・のり・新聞紙

作 画用紙に、建物などの絵をかき、ダーク系の色を塗ってはると、おもしろい効果が出る。花火は最後にはる。

作り方

①102ページの「水性フェルトペンを使って」を参考にして、ティッシュペーパーを折る。

②破れないように注意しながら、開いて乾かす。

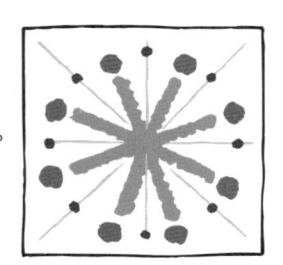

③バックの色との配色を考えて、適当な形に切り抜く。

④黒色画用紙にはる。

●切り抜いて モビール

用意するもの
【素材】・染め用和紙・厚紙・竹ひご（直径2〜3mm）・テグス
【用具】・ハサミ・のり・穴空けパンチ・ラミネーター

作 バランスを調節しながら、竹ひごにテグスで結んでいく。

作り方

①和紙で作った染め紙を丸く切り抜く。

②①よりひとまわり大きく厚紙を丸く切り、のりで①をはる。

③②をラミネート加工してから穴空けパンチで穴を空ける。

104

◆お部屋を飾ろう！◆

●ペットボトルと組み合わせて
ランプシェード

用意するもの
- 【素材】●染めた和紙1枚 ●丸形ペットボトル1本 ●電球(20w)1個 ●ソケット1個 ●電気コード1本 ●粘土
- 【用具】●ハサミ ●カッターナイフ ●セロハンテープ ●両面テープ ●ラミネーター

★明かりをつけると、きれいな模様が浮かび上がります。

作り方

①ペットボトルの底から5cmほどを切り取り、粘土を2／3くらいまで詰める。

②コードを出すための切り込みを入れる。

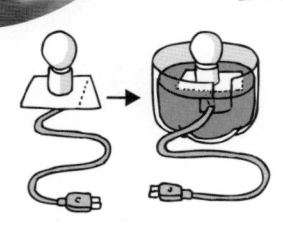

③ソケットを粘土の中に埋め込み、コードを出して電球をセットする。

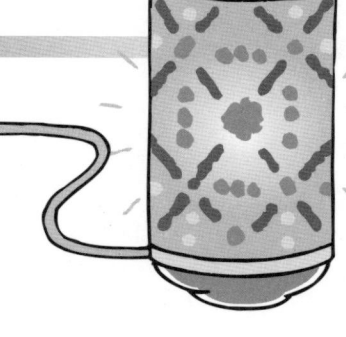

④染めた和紙をラミネート加工し、ペットボトルの太さの筒にして両面テープで留め、③にセロハンテープではる。

●牛乳パックと組み合わせて
おしゃれ小物入れ

用意するもの
- 【素材】●染めた和紙1枚 ●牛乳パック1本
- 【用具】●ハサミ ●カッターナイフ ●のり ●定規

作り方

①牛乳パックの底から7cmほどを切り取る。

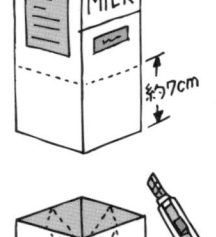

②①に定規を当て、カッターナイフの裏で、図のような折り筋を入れる。

③②に染めた和紙を巻いて、のりづけする。

作　和紙にのりを2回つけ、紙が伸びてからはるときれいにはれる。

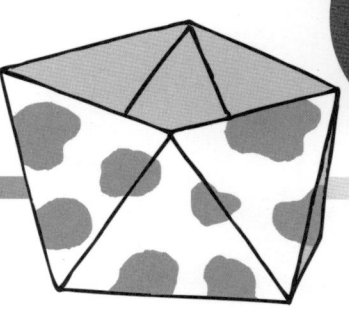

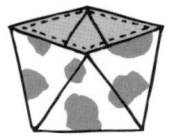

④底ものりづけする。

⑤②の折り筋を折りながら四隅を押すと、下の図のようになる。

第1章　作ろう！遊ぼう！

●染め紙で アルバムの表紙

手作りのアルバムの表紙は、大切な思い出を色鮮やかに飾って残しておいてくれるよ。

用意するもの
【素材】
- 染め紙（厚紙を包める大きさ）2枚
- 厚紙（アルバムと同じ大きさ）2枚
- 上質紙（厚紙よりやや小さめ）2枚
- 閉じひも（事務用）1本・ハトメ鋲 2個

【用具】
- のりまたは木工用接着剤を水で溶いたもの・ハトメパンチ・カッターナイフ・定規

ワァ～イ きれい！

作り方

① 広げた染め紙の全面にのりを塗り、真ん中に厚紙を置いて四隅の角を折る。

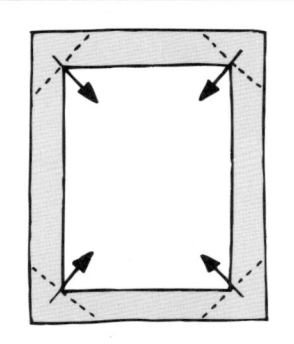

② 折った三角の部分にものりを塗って四辺をそれぞれ内側に折り込む。

新たにのりをつける。

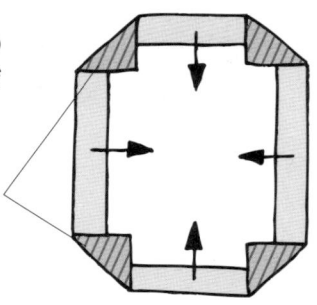

③ 上質紙の全面にのりを塗って、②の上にはる。

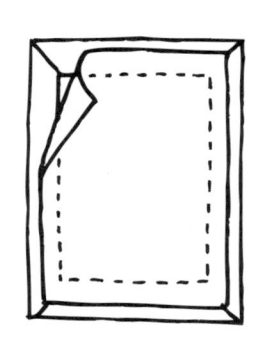

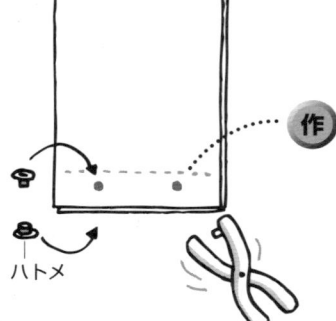

ハトメ

④ のりが乾いたらハトメパンチで2か所に穴を空け、ハトメ鋲を留める。

作 定規を当てて、カッターナイフの裏で折り筋を入れておく。

⑤ 裏表紙も同様に作り、アルバムのページを挟んでひもを通すと出来上がり。

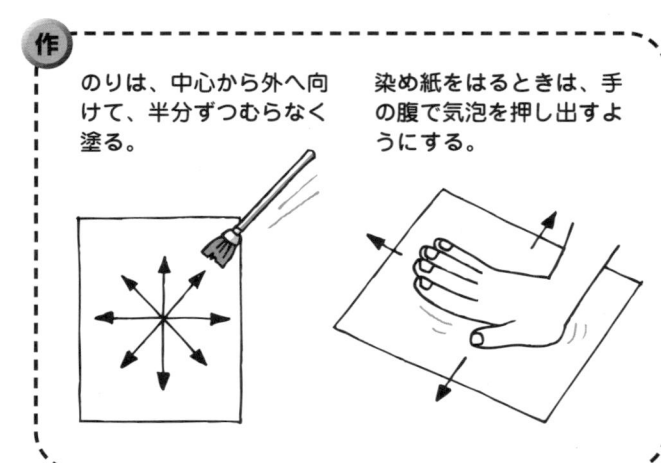

作
のりは、中心から外へ向けて、半分ずつむらなく塗る。

染め紙をはるときは、手の腹で気泡を押し出すようにする。

◆お部屋を飾ろう！◆

●染め紙で いろいろ飾り

染め紙で飾ると、身の回りのいろんなものが、見違えるほどおしゃれに変身するよ。

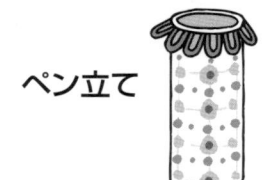

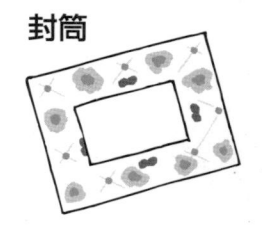

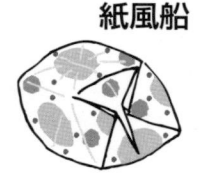

- ペン立て
- 封筒
- 紙風船
- 折りヅル
- 姉さま人形
- ポケットティッシュカバー

作り方

ポケットティッシュカバー

染め紙は、あらかじめポケットティッシュの上と下用に、それぞれ少し大きめに切っておく。

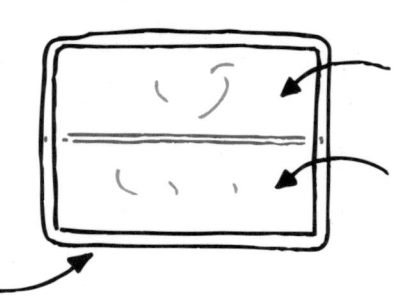

染めあそびのサポート

染料について

保育現場で絵の具を使って染めているのを見かけますが、あまりお勧めできません。初めての染め物体験は、ぜひ本格的に！

- 水性フェルトペンは、発色や色質に優れているぺんてるのものがベスト。
- ダイロンコールド（染料）は、画材店や手芸店で売っている。
- 食紅はスーパーで売っているが、青（空）色は取り寄せになることが多いので、前もって注文しておく。
- 赤・青・黄の、3色の組み合わせから始める。

紙について

手軽な素材としてティッシュペーパーも活用しますが、やはり専用の和紙が最適！

- マーブリング・和紙染め用紙は、墨運堂のものがベスト。
- 小さい面積だと、模様のパターンが少なく、おもしろさが出ないので、なるべく大きめ（A4～B4サイズ）の紙を使う。

作業について

必ず手袋やエプロンをつけて作業する。特にダイロンコールドは、手や服につくととれにくいので、注意が必要。

- ゴムやビニール製の簡易手袋を用意。
- 汚れてもよい服（着られなくなったTシャツなど）を家から持ってくる。
- ゴミ用ポリ袋をエプロン代わりにするなど。

クラフトテープ（二つ折り）
挟む。
ゴミ用ポリ袋

第1章 作ろう！遊ぼう！

●ろうそくを溶かして オリジナルキャンドル

白いろうそくが、カラフルなキャンドルに生まれ変わるよ。いろんな型に流し込んで、オリジナルキャンドルを作ろう！

用意するもの
【素材】●白いろうそく ●パスまたはクレヨン
【用具】●紙コップ ●牛乳パック ●アルミホイル（お弁当のおかず用） ●卵の殻 ●割りばし ●カッターナイフ ●なべ ●空き缶 ●針金 ●軍手

★火をつけなくても、いろんな形や色のキャンドルを並べるだけで、お部屋がおしゃれになります。

遊 大半が保育者の作業となるが、子どもは並べるだけでも楽しめる。

作り方

●保育者のサポートで

① 白いろうそくをカッターナイフで割って、中のしんを取り出す。

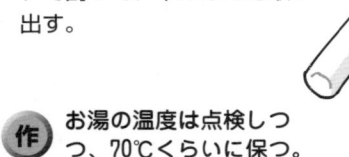

作 お湯の温度は点検しつつ、70℃くらいに保つ。

② 針金で作った取っ手を空き缶につけて、中に①を入れ、湯煎の要領でろうを溶かす。

作 危険なので、缶は直火に掛けない。

③ 好きな色のパスまたはクレヨンを削って入れ、割りばしでよくかき混ぜて溶かす。

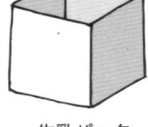

紙コップ　牛乳パック　卵の殻

④ 用意したいろんな型の容器の中心にしんを沈めた後、溶かしたろうを静かに流し込む（しんは2cmくらい出す）。

⑤ 冷えて固まったら、型から外して出来上がり。

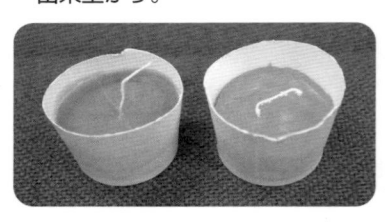

●ちょっとアレンジ●
カラーキューブ入りキャンドル

赤　青

① バットなどに色をつけたろうを流して固め、四角く切ってカラーキューブを作る。

② 好みの型に①を入れてから溶かした白いろうを流し込んで作る。

◆お部屋を飾ろう!◆

●葉っぱや小枝で 飾ろう! エトセトラ

自然にはいろんな色の葉っぱがあるよ。緑の葉っぱ、黄色や赤くなった落ち葉…。形もさまざまだね。小さな木の枝も見つけて、お部屋の飾りを作ってみよう!

【用意するもの】
【素材】•いろんな葉っぱ •いろんな長さの小枝 •たこ糸 •空き缶 •画用紙 •厚紙(画用紙より少し大きめ) •ラップ
【用具】•ハサミ •のり •木工用接着剤 •はけ

作り方

はっ葉のモビール

①短い小枝の両端に、たこ糸で葉っぱをつるす。

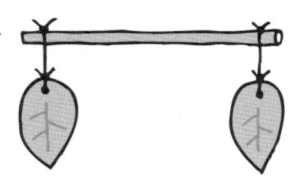

②長い小枝の端に、①のバランスを調整しながらつるし、反対側に大きめの葉っぱをつるす。左右がつり合う位置にたこ糸を結んで出来上がり。

作 ラミネート加工しておくと、きれいで長持ちする。

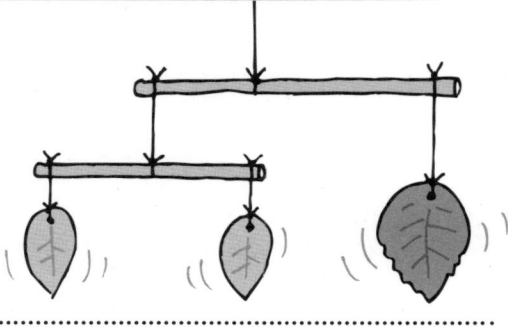

はっ葉のペン立て

①空き缶の葉っぱをはる位置に、はけで木工用接着剤を薄く塗る。

②①に葉っぱをはり、はみ出した部分を切り取る。

③葉っぱの上から、さらに接着剤を薄く塗る。

作 平らになるように、むらなく塗る。

はっ葉でコラージュ

①画用紙に、いろんな形の葉っぱや細い小枝を、木工用接着剤ではっていく。

②厚紙に①をはり、上からブックシールをはると出来上がり。

第1章 作ろう! 遊ぼう!

● 第2章　作品展・親子イベントのアイデア

作品展・親子イベントなどを進めるときのポイント6

1 だれのためにするか、目的を明確にしよう!

子どものためにするのか、子どもと保護者のためにするのか、あるいは異年齢の子ども同士の交流のためなのか、その目的によってイベントなどの設計が変わります。

2 予算は余裕を持って計画しよう!

予算の中には、ひとりあたりいくらで、全体ではいくらか、教材研究の予算、失敗分、余り分などが含まれます。少なくとも2割増しの予算計画を立てておきましょう。

3 必ず教材研究をしよう!

当日使う同じ材料で、同じものを作ってみましょう。事前に教材研究をしておくことが鉄則です。ストローの直径1mmの違い(8ページ『ストローロケット』参照)が、あそびの成功・不成功を決めることもあります。

4 製作にかかる時間は余裕を持って!

決まった時間内で、子どもたちはどこまでのことができるのかを考えて、保育者が準備しておく部分と、子どもにゆだねる部分を明確に決めておきましょう。

5 教える部分と工夫する部分を明確に!

教える要素と工夫のできる要素を、バランス良く配置しましょう。製作物の援助に際しては、共通に教える部分(動くしくみなど)と、子どもたちが工夫する部分を明確にしましょう。
例えば『紙コップ人形』(20ページ)では、動くしくみは共通の課題として教え、その後の見たてやデザインに関しては、子どもそれぞれが工夫できるようにします。

6 遊べる時間を十分にとろう!

遊ぶ時間は、少なくとも製作にかかったのと同じくらいの時間をとりましょう。その際には、そのおもちゃを使ったあそびのバリエーションを示しましょう。例えば『ストロー吹き矢』(118ページ)では、飛距離を競うあそび、的に当てるあそびなど、いくつかの選択肢を設けましょう。

大人気!! 親子イベントをしよう!
アート作品展—子どもの作品を展示するときのポイント—

①メインにする作品を決めよう！
アート作品展をするときには、どの作品群をメインにするかを考え、全体のレイアウトを考えましょう。目玉になる大作品があれば、それをメインとして中心に配置します。さらにその周りに、各自の小作品を展示していきます。
メインの作品は、手の込んだものであるのが望ましいのですが、そういったものがなければ、同じテーマの作品を集合させて、大きな作品群として見せてもよいでしょう。

②作品カードを作ろう
作品のタイトルやテーマ、作者名、日付などを書いた作品カードを作って、それぞれの作品につけましょう。苦労した点や工夫したところなど、ひと言コメントを添えても楽しいです。

③参加できる環境をつくろう
空き空間には、自由にかけるロールの模造紙などをはりつけて、鑑賞者が絵をかいて参加できるようなしかけを作ると、時間とともに変化していく作品展になります。

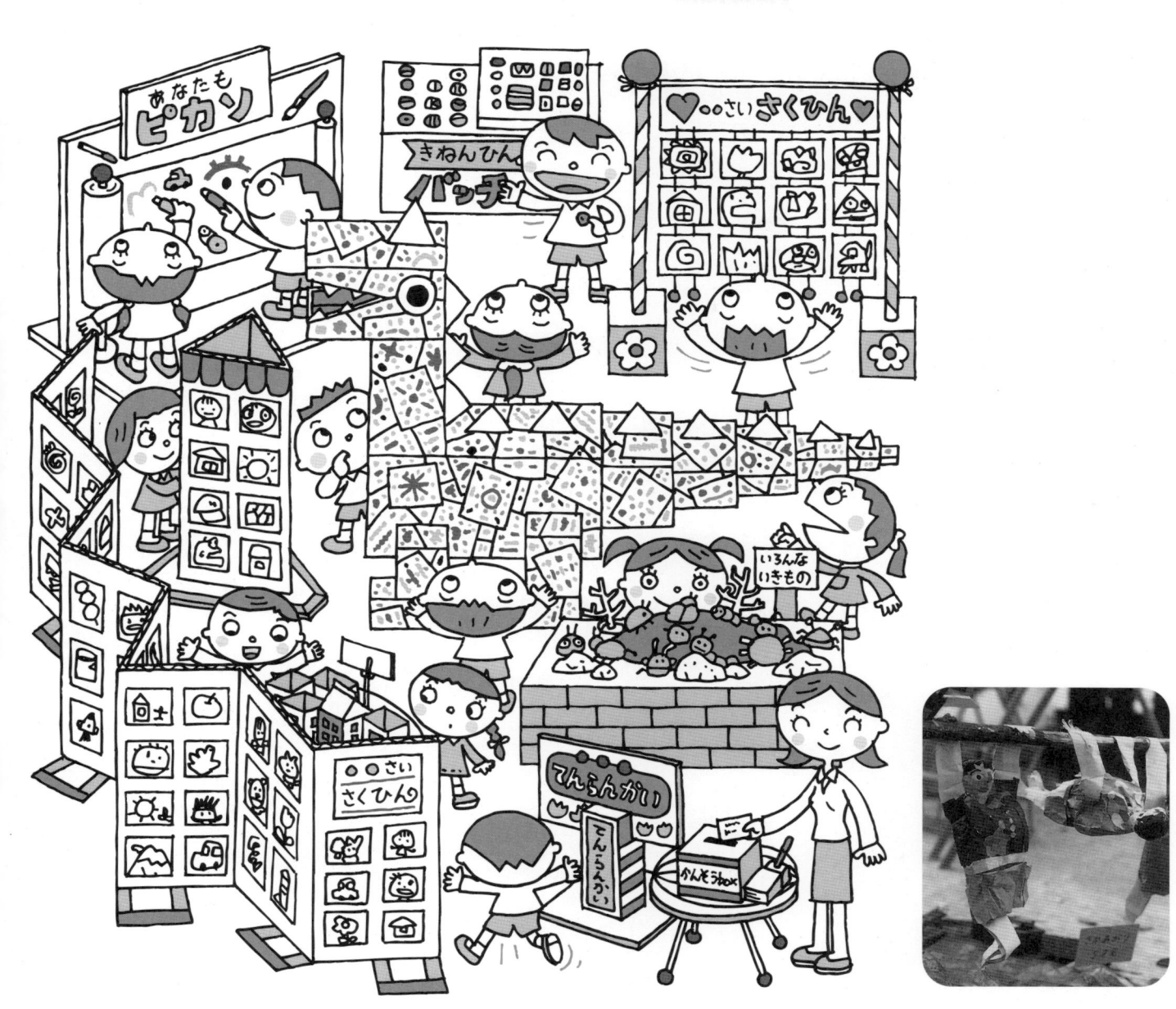

④感想カードの工夫
展示作品に対しての感想は、自由に書いてもらう感想用紙以外に、その中から選択してもらう感想カードを作っておくと、投函してもらいやすいです。

がんばったね！ きれい！ かわいい！ 工夫したね！ かっこいい！
おもしろい！ もう少し！

※感想カードは、共同作品の感想に対して使いましょう。

⑤会場の演出 ──平面作品と立体作品をバランス良く──
平面作品だけのときは、作品を天井からぶら下げたり、ジグザグに立てた段ボールにバランス良くはりつけるなど工夫して、立体的な空間を演出しましょう。平面作品を展示するときも、作品だけが直にはってあるのではなく、できれば台紙にはりつけましょう。作品をより良く見せるコツです。作品が1色でかかれたものを展示するときは、色の違う台紙にはりつけると、カラフルに演出できます。
展示は、必ずしも保育室でなくてもよいのです。園庭の木々やフェンスにぶら下げたり、地域に雰囲気の良い空きスペースがあれば、そこを借りて展示するのも一つの方法です。園のホームページでウェブミュージアムを開設すれば、より多くの人に見てもらえます。

第2章 作品展・親子イベントのアイデア

縁日作品展のポイント

「食べる」「見る」「する」「買う」の4要素を組み込むことが、楽しい縁日作品展の秘けつです。

見る
- 映画、劇、花火など、その時季のメインになるものを考えましょう。夏の時季なら、子どもたちが作ったお化け屋敷をやってみてもおもしろいです。
- 縁日の屋台は夜店のイメージがあるので、あえて裸電球を使うなど、光を伴った演出をするとよいでしょう。
- 園の壁に影絵をして、雰囲気を高めてもよいでしょう。

する
- いろいろなゲームを取り入れましょう（本書からゲーム性のあるものを抜き出してみましょう）。
- 少なくとも、「鳴る」「動く」「飛ぶ」「回る」など、4種類以上のあそびの要素を取り入れましょう。
- 1分でできる、5分でできる、10分でできるなど、設定時間にめりはりをつけましょう。
- 遊んだ結果を残すカードや、記録を書き記した表があるとヒートアップします。

食べる

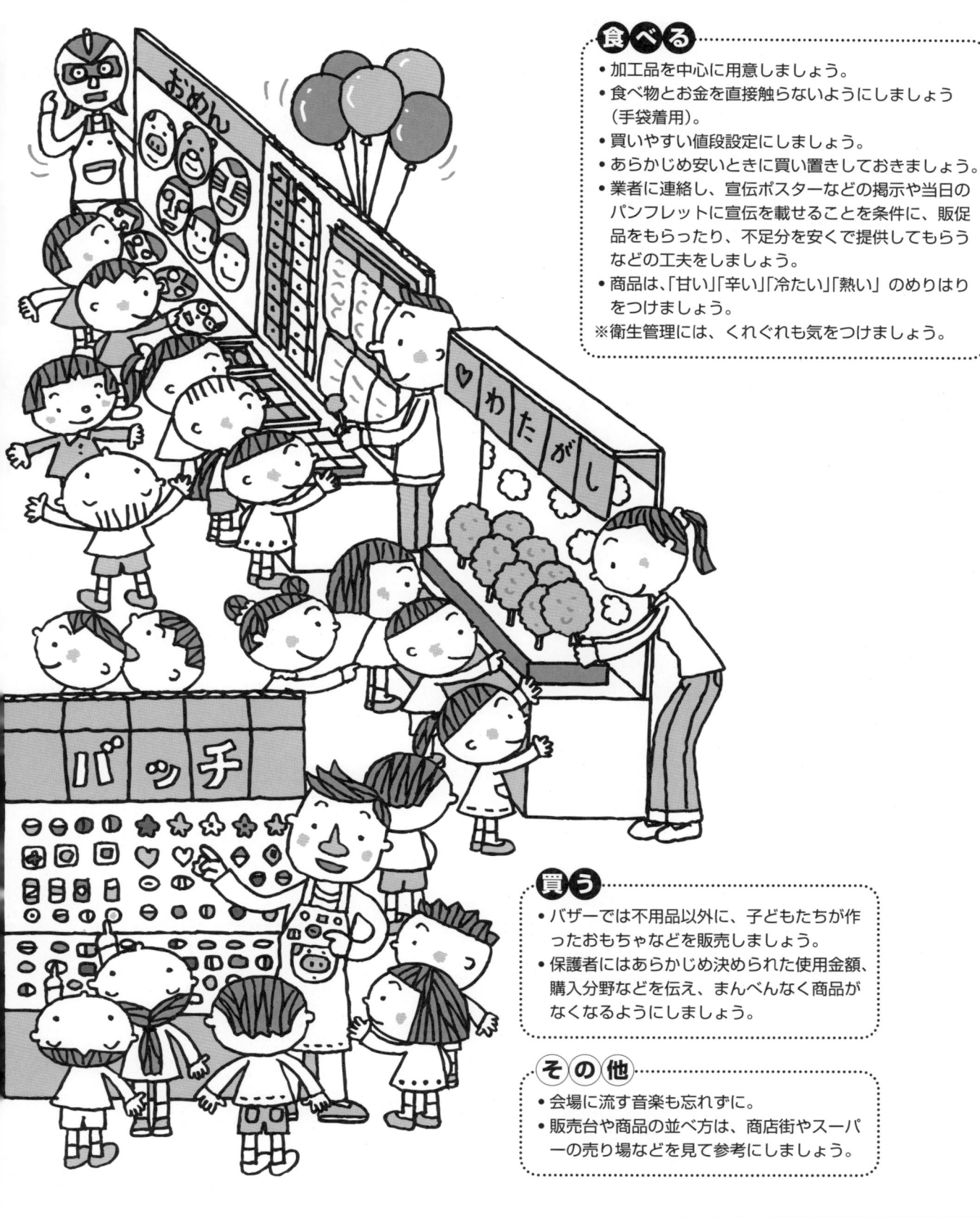

- 加工品を中心に用意しましょう。
- 食べ物とお金を直接触らないようにしましょう（手袋着用）。
- 買いやすい値段設定にしましょう。
- あらかじめ安いときに買い置きしておきましょう。
- 業者に連絡し、宣伝ポスターなどの掲示や当日のパンフレットに宣伝を載せることを条件に、販促品をもらったり、不足分を安くで提供してもらうなどの工夫をしましょう。
- 商品は、「甘い」「辛い」「冷たい」「熱い」のめりはりをつけましょう。

※衛生管理には、くれぐれも気をつけましょう。

買う

- バザーでは不用品以外に、子どもたちが作ったおもちゃなどを販売しましょう。
- 保護者にはあらかじめ決められた使用金額、購入分野などを伝え、まんべんなく商品がなくなるようにしましょう。

その他

- 会場に流す音楽も忘れずに。
- 販売台や商品の並べ方は、商店街やスーパーの売り場などを見て参考にしましょう。

第2章 作品展・親子イベントのアイデア

お菓子で作ろう

子どもたちの大好きなお菓子を使って、『お菓子の顔を作ろう』『お菓子のおうちを作ろう』など、大人気の親子イベントをしましょう。

お菓子の顔はお菓子のおうちよりも手軽にできるので、時間のないときや小さな子どもたちのイベントにぴったりです。『お菓子のおうちを作ろう』は本格的なイベントとして。どちらも親子が熱中することまちがいなしのイベントです。

準備のポイント

個人用

家の土台と壁、屋根の基本部品（正方形もしくは長方形のクラッカーまたはクッキー6枚程度）、飾りに使うこんぺいとうやカラフルなチョコレートなど（予算に応じて）、皿（17cmくらいのもの）を、クリスタル袋に入れて準備しておきましょう。アイシング（粉糖を水で溶いた砂糖の接着剤。ひとり115g）。

全体で準備

お菓子の家や顔に絵や模様をかくための、食紅で色をつけたアイシング3〜4色（1色400gを絞り袋に入れて、共同で使う）。ウエットティッシュ、タオルなどもあると便利です。

アイシングの原料（粉糖）について

- 粉糖の量は、ひとりあたり90g前後（アイシング約100g見当で）を目安に準備する（作品の大きさにもよる）。
- 着色用の粉糖は、1色ひとりあたり30gくらいが目安（10〜13人で1色400gあれば十分）。
- 粉糖は、20kg入り（約200人分）で4500〜5000円くらい。

アイシングの作り方
① 粉糖100gに対して水15cc（冬場はもう少し少なめに）を加え、よくこねる（34ページ、1.アイシングを作ろう！　参照）。
② 絞り袋の縁を外にめくり、スプーンなどを使って入れ、縁を元に戻し、輪ゴムできつく縛る。
③ 使うときにハサミで先を切る。
※1週間くらい前に作りおきしておいてもよい。
※着色したものは、しばらくおいておくと色が分離するので、当日か前日に作ったほうがよい。

持ち手の工夫
作った作品は、持ち手をつけるとよいでしょう。

作品の展示
クリスタル袋に作った作品を入れると、作品がきれいに見えます（なければ、普通の透明ポリ袋で代用）。クリスタル袋は、ホームセンターで1枚10円（100枚単位）くらいで売っています。直径17cmくらいの皿に対して、A3サイズくらいのものが使いやすいです。

※作品は持ち帰って、食べてもらいます。
※衛生管理には気をつけましょう。

ゲームイベントをすすめるために

ポイント
- 結果が点数となって残るカードを作る。
- できるだけ多くの子どもたちが楽しめるように、いろんな種目を用意する。
- 個人でするゲーム、親子（集団）でするゲームを織り交ぜる。

ストロー吹き矢
- 飛距離を競うだけでなく、的に当てるあそびを入れることで、体格に関係なく勝てる機会を与える。
- 綿棒の先に色の異なるスタンプインクをつけ、当たった場所がわかるようにする。
- 的を工夫して、当たったら倒れたり落ちるようにする。

「ストローロケット」（8ページ）のアレンジ

模造紙

B4サイズの画用紙にひとりずつ専用の的を作り、終わったら名前を書いて渡す。インクがついて残るので、成績表になる。

ポンポンボール
- 連続してできた回数を、棒グラフで記入する。
- 下→斜め→横→斜め上→上と、だんだん難易度を上げていく。

紙風船

- ひとりで何回つけるか、両手で交互に、ふたりで、3人で…と、子どもたちの中でルールを決めて発展させていく。

紙飛行機

- 飛距離、的当て、的入れなど、種目を工夫する。

第2章 作品展・親子イベントのアイデア

作品展のお店屋さんごっこを楽しもう

お店屋さんごっこのポイント

　好きなお店屋さんが決まったら、それを核にしながらあそびを広げていきましょう。保育者がなんでも教え、そろえるのではなく、一つのお店をきっかけにして遊び込む中で、そこから出てくる子どもの想像力を、どんどん膨らませるようにしましょう。

　あそびに向かう子どものイメージは、流動的で変化しやすいので、一つのお店を始めたからといって、そのお店がいつまでも続くとは限りません。お店屋さんからおうちごっこに発展するかもしれないし、毛糸に見たてたラーメンから造形あそびが始まるかもしれません。最初からすべてをそろえる必要はありません。

お店屋さんを発展させるための
いろいろな工夫

お金の工夫
- 最初は紙の大きさ（大きなものが高くて小さなものが安い、あるいは数で決める→量、数の認識）や、そこにかかれている絵で値段を表現する（年長児は、数字で表現）。
- 屋外では、葉っぱや小石、ドングリもお金に変身。

お菓子作りの工夫
- ぺろぺろキャンディは段ボールなどに差すなど、作った作品（お菓子）を取りやすいように並べる。
- あめは子どもが飲み込まないように（直径4cm以上）、できれば中央に穴を開けて、ドーナツ状にするとよい。
- 着色はアクリル絵の具を使うと色が落ちない（なければ水彩絵の具）。白色を少し混ぜると、色がきれいに見える。

商品台の工夫
- 子ども同士での商品とお金のやりとりができる距離にする。商品台の幅が1m近くになると、スムーズな商品のやりとりが難しくなる。商品スペースの奥行きは、50cmくらいを目安にする。
- 高さも、年少児が見下ろせる高さ（50～60cmくらい）にする。段ボールを斜めにして、商品を支える止めを3段くらいつけると、さらに立体的で見やすくなる。

その他の工夫
- 商品のＰＯＰ、お店のマーク、看板、買い物袋の工夫など、一つのきっかけから子どもの想像力はどんどん広がっていく。

忍者屋敷、お化け屋敷のポイント

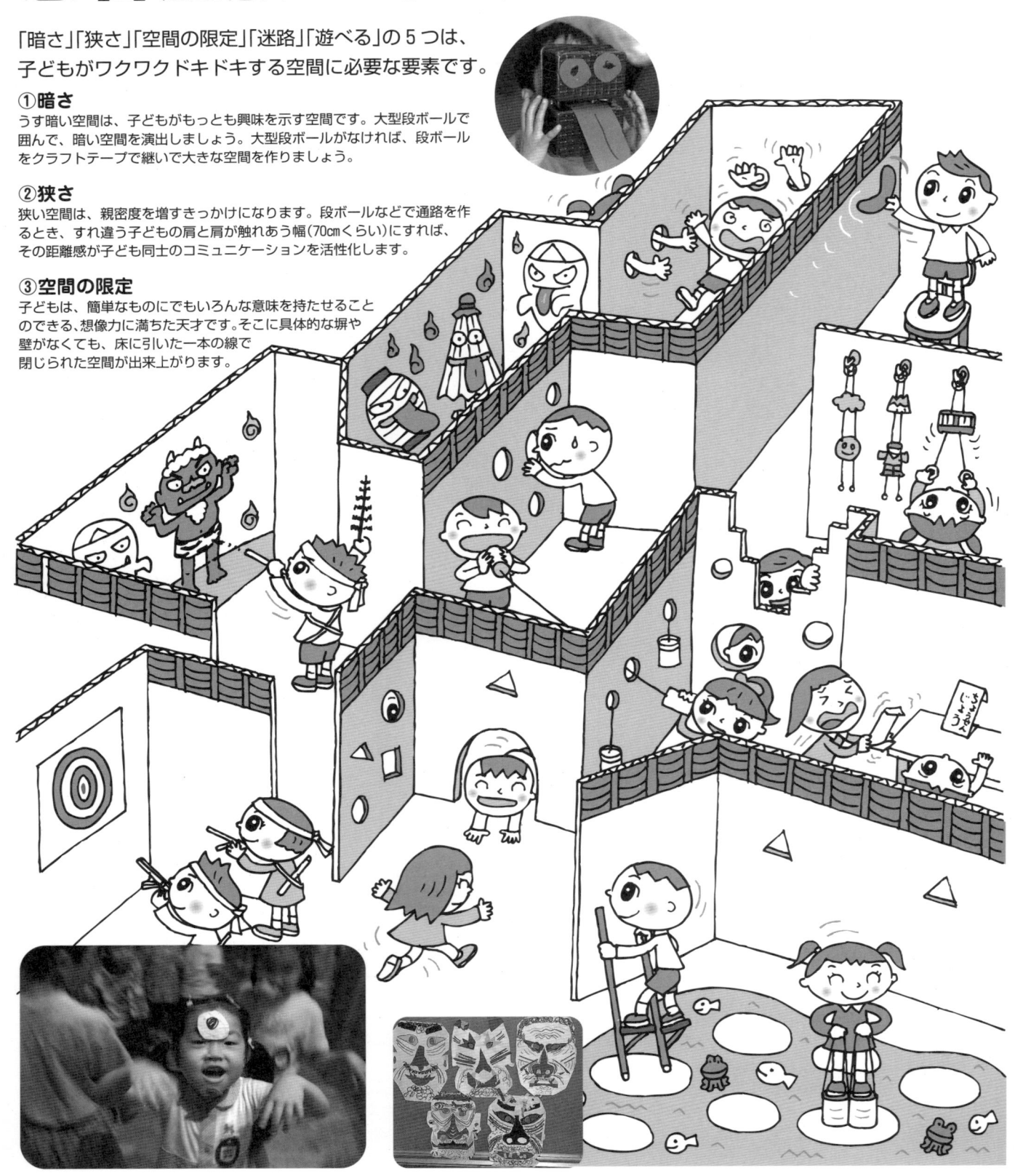

「暗さ」「狭さ」「空間の限定」「迷路」「遊べる」の5つは、子どもがワクワクドキドキする空間に必要な要素です。

①暗さ
うす暗い空間は、子どもがもっとも興味を示す空間です。大型段ボールで囲んで、暗い空間を演出しましょう。大型段ボールがなければ、段ボールをクラフトテープで継いで大きな空間を作りましょう。

②狭さ
狭い空間は、親密度を増すきっかけになります。段ボールなどで通路を作るとき、すれ違う子どもの肩と肩が触れあう幅（70cmくらい）にすれば、その距離感が子ども同士のコミュニケーションを活性化します。

③空間の限定
子どもは、簡単なものにでもいろんな意味を持たせることのできる、想像力に満ちた天才です。そこに具体的な塀や壁がなくても、床に引いた一本の線で閉じられた空間が出来上がります。

④**迷路**
忍者屋敷やお化け屋敷に迷路の要素を加えると、さらにワクワクドキドキ感が増します。迷路で迷った行き止まりにお化けの顔があると、ほんとうにびっくりします。

⑤**遊べる**
遊べる要素は、そのイベントに意欲的に参加させるために、とても大切です。例えばのぞき穴を空けておくだけで、子どもは空想や想像を膨らませます。お化け屋敷では、所々にのぞき穴を作り、それをのぞいた先にいろんなお化けが見える空間を作りましょう。子どもたちが蛍光色でかいたお化けの絵をはりつけ、ブラックライトで照らせば効果抜群です。そのほかに、踏んだら音が鳴るしかけ、ひもを引いたらお化けが出てくるしかけなど、いろいろ考えてみましょう。錯視（江戸時代の逆さま絵など）の絵をプリントして展示するものおもしろいでしょう。

お部屋(壁面)を飾ろう

壁面あそびのポイント

保育者があれもこれもと飾るのではなく、子どもたちが自分の作ったものでお部屋を飾ろうとする視点が大切です。ここでは、壁面装飾を例にそのポイントを考えましょう。

壁面装飾というよりは「壁面表現」の発想で飾ろう!

- 保育者が壁面装飾を作るというより、子どもたちが自分のために自分の空間を飾るという発想で! 遊んだ結果が壁面になるようにすると一石二鳥です。
- 作っておしまいではなく、さらに子どもがかいたりはったりなど、追加できる要素を残しましょう。例えばこんな絵が欲しいと思ったら、その場でどんどんかいていったり、作品を半立体にしてはっていくのもおもしろいでしょう。
- 入園児の部屋は、年長児がお部屋を飾ろう!

壁面表現の考え方

①体験したことを表現しよう!
遊んだ(体験した)結果を画面に残そう。

〈タイトル例〉
おイモ掘り、こんなにたくさんとれたよ!

もっとたくさんとれたらよかったなと想像力を働かせて、実際にとれた量よりも多めにかいたり、巨大なイモをかいてもおもしろい。

②今を表現しよう!
遊んだ(体験した)結果得たものでお部屋を飾ろう。

〈タイトル例〉とれたおイモで遊んでみたよ!

イモ版でスタンプして装飾するなど、イモそのものを活用する。

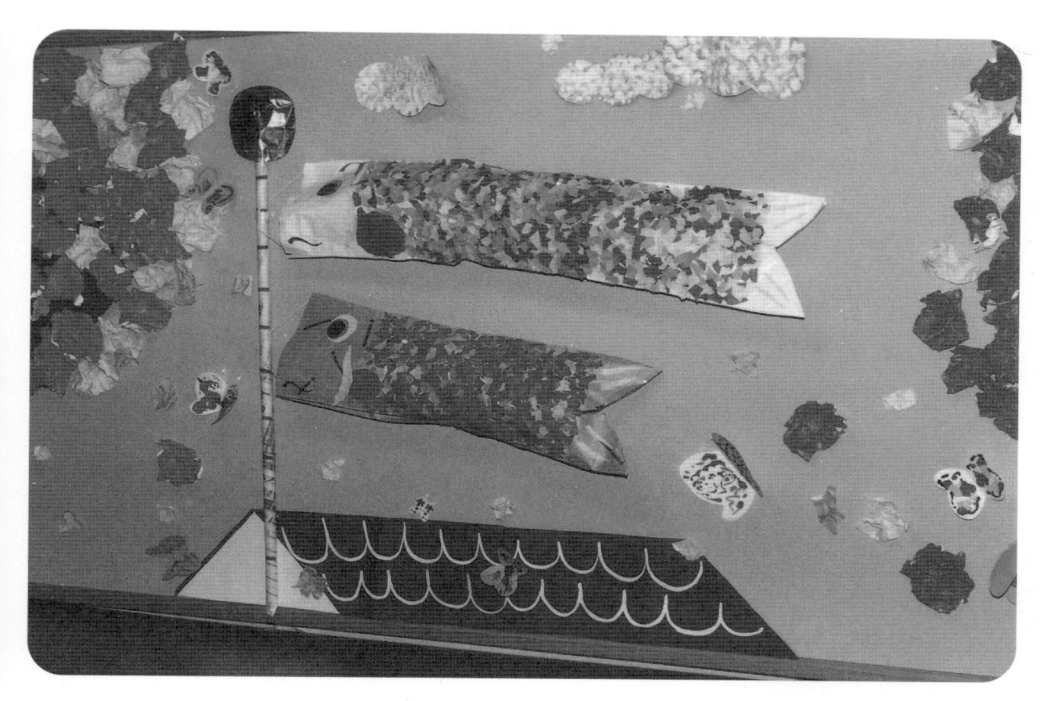

③**未来を表現しよう！**
これからの期待感を画面に表現しよう。

〈タイトル例〉
おイモ掘り、たくさんとれたらいいな！
こんなおイモが出てきたら楽しいな！

この場合でも、こうなったらもっとすてきだなと、想像力を働かせた画面にすると、意欲がわく。

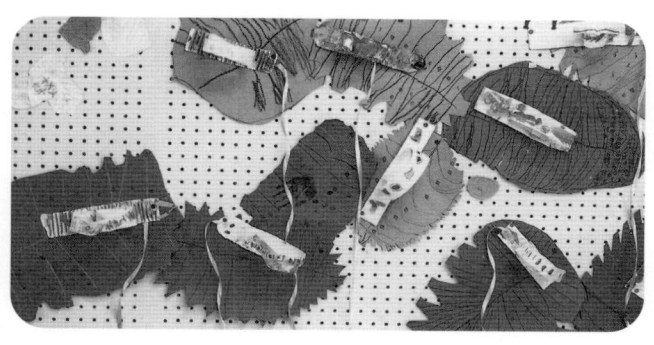

④**想像の世界を表現しよう！**
お話の中で印象に残った場面を、みんなで作ってみよう。

〈タイトル例〉
こんなお話聞いたよ！
こんなお話つくったよ！
だれがどこを作るかなどみんなで話し合って、共同作業で一つの画面を作る。

⑤**季節を表現しよう！**
春・夏・秋・冬、それぞれの季節感を盛り込もう。

〈タイトル例〉
プールにはいったよ！　雪だるまを作ったよ！

その季節を象徴するイベント、植物、食べ物などや、その地域独自の風習を取り入れてもよい。

おもちゃ作りの達人になるために
―これだけは知っておいてほしいこと―

材料準備のポイント

ストロー

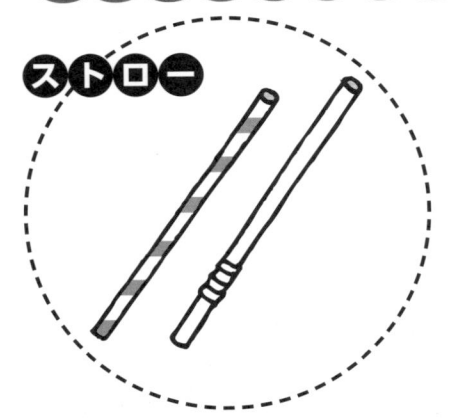

市販されているものは、直径4mm、4.5mm、5mm、6mmが一般的。曲がるタイプのものや色つきのものなどもあるので、作るものによってどのストローが最適か、いろいろ試してみましょう。
〈例〉
- ストロー笛は直径6mmのものを使う。
- 紙トンボは、直径4mmか4.5mmのものを使う。
- ストローロケット、ストロー人形を作るときは、直径4mmか4.5mmのものと、直径6mmのものを組み合わせて使う
※1mm違いの組み合わせでは引っ掛かる。

色紙（いろがみ）

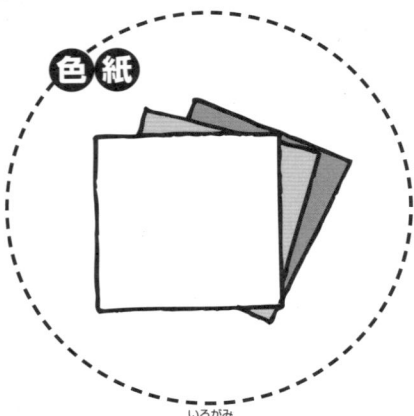

- 折り紙ではなく色紙という呼び方がよいでしょう。折り紙をするときは、「色紙で折り紙をしよう」と言いましょう。
- 色紙にもいろいろな厚さのものがあります。たくさん必要なときは、薄い折り紙で十分。
- 1枚の色紙で風車などの作品を作るときは、少し厚めのものを使う。

輪ゴム

直径の違いによって、8番、10番、12番、14番、16番、18番がある。
〈例〉
- 『割りばしてっぽう』の玉にする輪ゴムは、10番～12番。
- ミミンバは14番～16番。

糸

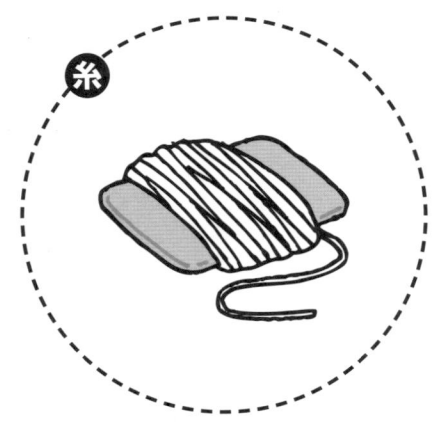

- 蛍光色の水糸（太巻き0.8mm）が使いやすいが、なければ0.9mmのたこ糸でもよい（本書では主にたこ糸を使用）。

道具準備のポイント

ハサミ

- よく切れるものを使う。フッ素加工をしているものなら、切れ味が落ちない。
- 手袋ばさみ（和ばさみの一種）は細かい所の作業に便利。刃先が短く、手を入れられるので使いやすい。
- ハサミのあそび（カシメのがたつき）は、紙をスムーズに切るために、ある程度は必要。緩すぎると逆に切れなくなる。

カッターナイフ

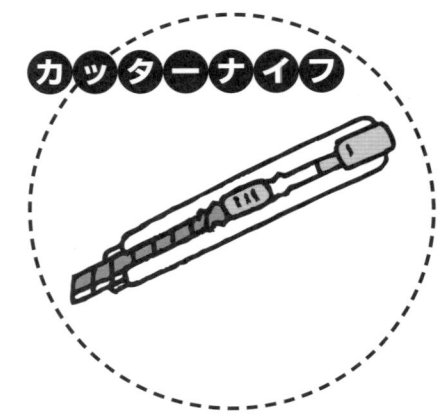

- 必ず保育者が管理して使う。
- 必要な長さ分だけ刃を出して、切る方向に斜めに倒して使用。
- 厚紙を切るときは一度に切らずに、何度も切れ目を入れながら切るようにする。
- まっすぐに切るときは、定規の背に当てて切る。

木工用接着剤

- 木工用接着剤は色が白色で、乾くと透明になる。
- 水に溶いて使うときは、均一な濃度になるまで何度もかき混ぜて使う。
- 水に溶いた木工用接着剤を紙などに塗るとき、1回ではすぐにしみこみんでしまって、接着力が失われます。2回塗りが原則。
- 速乾性の木工用接着剤もありますが、普通の接着剤から水分が抜けたものです。通常の接着剤で十分。

のり

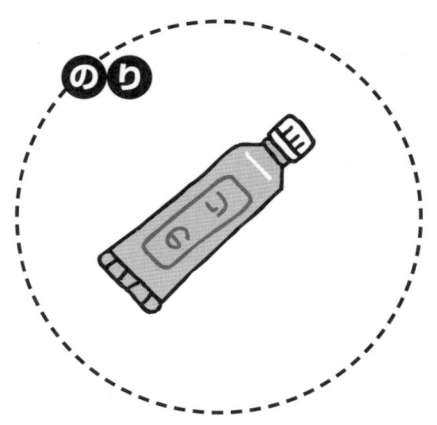

- 紙の接着はでんぷんのりを使い、指でまんべんなく塗り広げてからはる。合成のりなどもあるので、用途にあわせて使用すること。
- 事務用のスティックのりは乾燥すると粘着力が失われるで、使わないほうが無難。
- 木、ボール紙、厚紙、牛乳パックなどの表面がコーティングされている紙には、木工用接着剤を使う。

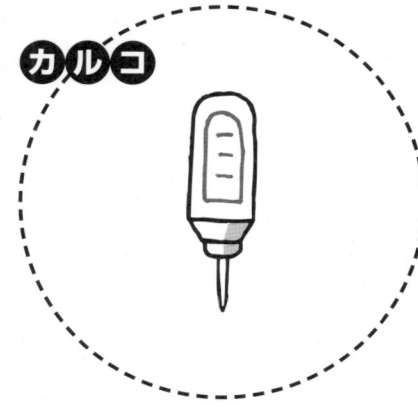

カルコ

- ホームセンターなどで、一本100円くらいで売っている大工用道具。
- 針が太短く、持ちやすい。
- 持ち手が蛍光色になっているので、置いていても見つけやすく、安全。
- 手芸店で売っている目打ちでもよい。
※いずれも先端が鋭くとがっているので、必ず保育者が管理すること。

金づち

- 両方平らなもので、重さ200g位のものが使いやすい。
- くぎ抜きがついているタイプのものなら、200mm～230mmくらいの長さがよい。
- くぎは、1寸前後(3cm前後)のものが使いやすい。

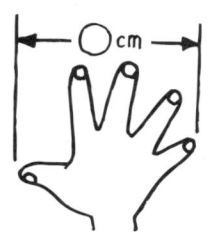

筆記具の目安
- 顔料系フェルトペン…ポスカ
- 水性フェルトペン……ディズニーペン

その他
- ヒートン…ねじ込み式壁掛け用金具。L字形や円形のものがある。

のこぎり

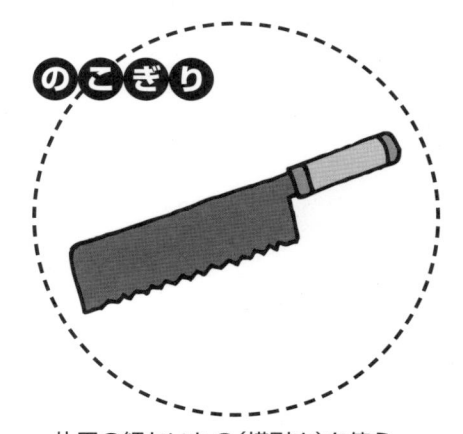

- 片刃の細かいもの(横引き)を使う。
- ゼットソー(刃の長さ265mm)がおすすめ。
- 金のこでも代用できる。

定規

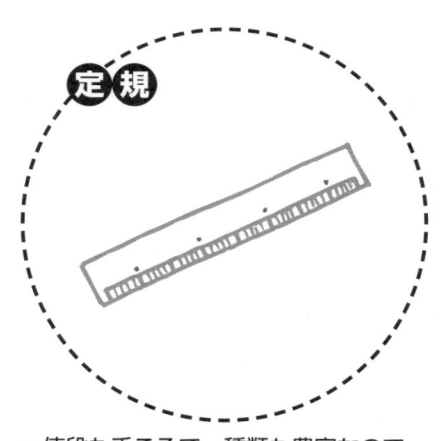

- 値段も手ごろで、種類も豊富なので、プラスチック製のもので十分。
- 目盛りの入った工作用紙は、ものさしの代用品としても使える(ラミネート加工しておくと、長く使える)。
- 指や手など、腕を広げたときの大まかな長さを記録しておくと、だいたいの長さがつかめて便利(左下図参照)。

第2章　作品展・親子イベントのアイデア

著者紹介

竹井 史

1959年大阪生まれ。神戸大学大学院教育学研究科修了。
美作女子大学を経て、現在、富山大学人間発達科学部助教授。
これまでに、富山大学親子フェスティバル等の地域住民参加のイベントを15年間企画し、5万人以上の親子とふれあう。
日本保育学会会員。美術科教育学会会員。

主な著書

『伝承おもちゃを作ろう』明治図書(1996)
『幼児の自由遊びとその援助』明治図書(1997)
『子どもの表現活動と保育者の役割』明治図書、共著(1998)
『自然素材を生かした造形活動』明治図書、共編著(2003)
『伝承おもしろおもちゃ事典』明治図書(2003)
『幼児とつくるエコロジカル工作76』明治図書、共編著(2003)
『絵画・製作・造形あそび指導百科』ひかりのくに、共著(2005)
『作って遊ぼう エコロジカル工作』メイト(2005) など

作品展・親子イベントのイメージが膨らむ!

製作あそび百科 ―保育者の援助に役立つポイントメモつき―

2006年 8月 初版発行

編著者　竹井　史
発行人　岡本　健
発行所　ひかりのくに株式会社
〒543-0001　大阪市天王寺区上本町3-2-14　郵便振替00920-2-118855　TEL06-6768-1155
〒175-0082　東京都板橋区高島平6-1-1　　郵便振替 00150-0-30666　TEL03-3979-3112
ホームページアドレス　http://www.hikarinokuni.co.jp
印刷所　大日本印刷株式会社

©2006　乱丁、落丁はお取り替えいたします。　　　　　Printed in Japan
ISBN4-564-60298-5
NDC376 128P 26×21cm